# नाथ सम्प्रदाय : दर्शन

## कथा नाथपन्थ की



डॉ. अरुण कुमार त्रिपाठी

वाणी प्रकाशन

**वाणी प्रकाशन**

*4695, 21-ए, दरियागंज, नयी दिल्ली 110 002*

फ़ोन : +91 11 23273167 फ़ैक्स : +91 11 23275710

**शाखाएँ**

*अशोक राजपथ, पटना 800 004, बिहार*

*कॉफ़ी हाउस कैम्पस, महात्मा गांधी मार्ग, इलाहाबाद 211 001, उत्तर प्रदेश*

*महात्मा गांधी अन्तरराष्ट्रीय हिन्दी विश्वविद्यालय, वर्धा 442 001, महाराष्ट्र*

*सुल्तानिया रोड, मोतिया पार्क, भोपाल 462 001, मध्य प्रदेश*

www.vaniprakashan.com
marketing@vaniprakashan.in
sales@vaniprakashan.in

Nath Sampradaya : Darshan
Katha Nathpanth Kee
*by* Dr. Arun Kumar Tripathi

ISBN : 978-93-5229-834-1
Culture/Religion



प्रथम संस्करण 2021

मूल्य : ₹ 350



*आर. टेक ऑफ़सेट प्रिंटर्स, दिल्ली-110032 में मुद्रित*

*वाणी प्रकाशन का लोगो मक़बूल फ़िदा हुसेन की कूची से*

आदिनाथ भगवान शिव के द्वारा नाथपन्थ का उपदेश शिव-पार्वती के संवाद के रूप में महायोगी गुरु श्री गोरक्षनाथ द्वारा रचित **योगबीज** नामक ग्रन्थ में प्राप्त होता है। भगवती पार्वती ने भगवान शिव से पूछा कि सभी जीव सुख-दुख रूप मायाजाल से वेष्टित हैं, उनकी मुक्ति किस प्रकार से होगी। हे महादेव! मोक्ष को प्राप्त करने वाले योगमार्ग का वर्णन कीजिए। इस पर भगवान शिव ने कहा—

*बद्धायेन विमुच्यन्ते नाथमार्गमतः परम्।*
*नानामार्गेस्तु दुष्प्राप्तं कैवल्यं परमं पदम्।*
*सिद्धमार्गेण लभ्येत नान्यथा शिवभाषितम्॥*

अर्थात् शंकर ने कहा कि हे पार्वती! मैं नाथमार्ग, सिद्धामृतमार्ग का वर्णन करता हूँ, इसका आश्रय ग्रहण करने पर सभी जीव जो संसार-बन्धन से ग्रस्त हैं, मुक्त हो जाते हैं। यह सर्व सिद्धिकर मार्ग है।

## (1)

### कथानक

एक दिन गौरी ने शिव के गले में मुण्डमाल देखकर उसका कारण पूछा। शिव ने बताया कि वे मुण्ड गौरी के ही हैं। शिव ने कहा कि प्रत्येक जन्म लेने के बाद जब गौरी की मृत्यु हो जाती है तब शिव उनके मुण्ड को माला में पिरो कर धारण कर लेते हैं। जितने मुण्ड हैं गौरी के उतने जन्म हो चुके हैं। यह सब सुनकर गौरी हैरान हो गयीं, और सोचने लगीं कि क्या कारण है कि वे बार-बार जन्म लेती और मरती हैं तथा शिव कभी नहीं मरते। तब गौरी ने शिव से इसका रहस्य पूछा। शिव ने गौरी से बताया कि यह गुप्त रहस्य सबको सुनने योग्य नहीं है। चलो किसी निर्जन स्थान पर चलकर मैं तुमको इसका रहस्य बताता हूँ। यह कहकर शिव गौरी को लेकर समुद्र में टंग (डोंगी) पर बैठकर रहस्यात्मक ज्ञान गौरी को बताने लगे।

मत्स्येन्द्रनाथ जो कि भृगुवंशीय ब्राह्मण के घर पैदा हुए थे। परन्तु गंडान्त योग में पैदा होने के कारण उस ब्राह्मण ने उन्हें समुद्र में फेंक दिया था, उसे एक मछली निगल गयी थी। वह बालक मत्स्येन्द्रनाथ उस मछली के पेट में बारह वर्ष तक बढ़ते रहे तथा शिव के द्वारा गौरी को सुनाई जाने वाली इस कथा को मछली के पेट में मत्स्येन्द्रनाथ सुनते रहे।

सुनते-सुनते गौरी को नींद आ गयी तब भी मत्स्येन्द्रनाथ कथा को सुनते रहे तथा पूरा ज्ञान प्राप्त कर लिए। बाद में जब गौरी की निद्रा टूटी तब उन्होंने शिव से कहा कि मैंने तो महाज्ञान सुना ही नहीं। तब शिव जी ने ध्यान से जान लिया कि यह महाज्ञान मछली के पेट में स्थित मत्स्येन्द्रनाथ ने सुन लिया है। तब शिव जी ने क्रुद्ध होकर मत्स्येन्द्रनाथ को श्राप दिया कि तुम एक समय महाज्ञान भूल जाओगे।

इसके बाद शिव जी कैलाश पर्वत पर चले गये और वहीं रहने लगे।

मत्स्येन्द्रनाथ तपस्या करने लगे तथा भिक्षा माँगकर जीवन-यापन करने लगे। कुछ दिनों बाद भिक्षा माँगते-माँगते एक गाँव में पहुँचे, वहाँ उन्हें सरस्वती नाम की ब्राह्मणी के घर से भिक्षा मिली, वह ब्राह्मणी बाँझ थी, उसको कोई सन्तान नहीं थी, उसने मत्स्येन्द्रनाथ से सन्तान के लिए आशीर्वाद माँगा, इससे प्रसन्न होकर योगी मत्स्येन्द्रनाथ ने उस ब्राह्मणी को भभूति प्रदान की और कहा कि इस भभूति के भक्षण से आपको सन्तान पैदा होगी, आशीर्वाद देकर मत्स्येन्द्रनाथ जंगल में तपस्या करने चले गये। ब्राह्मणी ने भभूति प्राप्त करके अपने परिजनों एवं आस-पास की औरतों से इस बारे में चर्चा की, परन्तु जलनवश आसपास की औरतों ने उससे कहा कि कहाँ तुम बाबा लोगों के चक्कर में पड़ गयी हो, कहीं यह भभूति में भूत-प्रेत न दे दें। महिलाओं ने भभूति को उस ब्राह्मणी को खाने से मना कर दिया, ब्राह्मणी ने उन औरतों की बातों में आकर भभूति को गोबर के ढेर में फेंक दिया, समय बीतता गया। बारह वर्ष बाद योगी मत्स्येन्द्रनाथ पुनः उस ब्राह्मणी के घर पधारे और घर पर सन्तान न देखकर उससे उसके बारे में पूछने लगे, ब्राह्मणी ने कहा कि बाबा मैंने वह भभूति गोबर के ढेर में डाल दी थी। तब मत्स्येन्द्रनाथ उस ढेर के पास ले चलने को कहे, उस ढेर के पास जाकर उन्होंने बालक को पुकारा, कहा शिष्य तुम कहाँ हो, गोबर के ढेर के अन्दर से आवाज़ आयी कि मैं गोबर के अन्दर हूँ। इसके पश्चात् मत्स्येन्द्रनाथ ने गोबर को साफ़ करके 12 वर्ष के बालक को उस ढेर से बाहर निकाला और गोबर से पैदा होने के कारण उसका नाम गोरक्षनाथ रखा तथा साथ में लेकर तपस्या करने चले गये। ब्राह्मणी देखती रह गयी।

एक बार सोम यज्ञ करते समय अग्निकुण्ड से एक बालक ऋषियों को प्राप्त हुआ, ऋषियों ने उस बालक को राजा को दे दिया, वह बालक संसार से विरक्त रहता था, एक दिन बालक घर छोड़कर चला गया, रास्ते में उसकी मुलाक़ात अग्निदेव से हुई, चूँकि अग्निदेव से ही वह पैदा हुआ था, इसलिए वे उसके पिता थे। अग्निदेव ने बालक को दत्तात्रेय जी की शरण में दे दिया तथा दत्तात्रेय ने इस बालक को नाथपन्थ की

दीक्षा दी तथा बद्रिकाश्रम जाकर तप करने को कहा, वे वहाँ तप करने लगे। यही बालक जालन्धरनाथ नाम से प्रसिद्ध हुआ। बद्रिकाश्रम में तप करते समय जालन्धरनाथ ने एक हाथी के कान से एक बच्चे को पैदा होते देखा, हाथी इतना भयंकर था कि उसके पास डर से कोई जा नहीं रहा था, तब जालन्धरनाथ अपने भस्म के प्रयोग से हाथी को शान्त करके बालक को ले लिये तथा पालन-पोषण किये, बाद में उसे नाथपन्थ की दीक्षा देकर अपना शिष्य बनाया तथा हाथी के कान से पैदा होने के कारण बालक का नाम कानिफानाथ रखा। इसके बाद गुरु-शिष्य दोनों तपस्या में लीन हो गये।

इस प्रकार से चारों नाथ सिद्ध तपस्या में लीन हो गये। गौरी ने शिव जी से आग्रह किया कि वे चारों सिद्धों को विवाह करके वंश चलाने का आदेश दें। परन्तु शिव जी ने कहा कि सिद्धों में काम विकार नहीं है। यह बात सुनकर गौरी ने कहा कि भला यह भी कहीं सम्भव है कि मनुष्य के शरीर में काम विकार हो ही नहीं, आप आज्ञा दें तो मैं परीक्षा लूँ। शिव ने गौरी को परीक्षा लेने की आज्ञा दे दी।

चारों सिद्ध चारों दिशाओं में तपस्या कर रहे थे। गौरी को परीक्षा का अवसर देने के लिए शिव ने ध्यान बल से चारों सिद्धों को बुलाया। चारों सिद्धों के उपस्थित हो जाने पर देवी गौरी ने भुवनमोहिनी (सुन्दर स्त्री) का रूप धारण करके सिद्धों को भोजन परोसा। चारों ही सिद्ध उस रूप पर मोहित हो गये।

मत्स्येन्द्रनाथ ने उस स्त्री को देखकर मन ही मन सोचा कि यदि ऐसी सुन्दरी मिले तो काम क्रीड़ा करते हुए रात काटूँ। देवी ने उन्हें श्राप दिया कि तुम महाज्ञान भूलकर सोलह सौ सुन्दरियों के साथ कामकौतुक में रत होओगे। जालन्धरनाथ ने ऐसी सुन्दरी का झाड़ूदार होने की इच्छा प्रकट की जिससे इस सुन्दरी का दर्शन होता रहे। देवी ने उन्हें मयनावती रानी के घर में झाड़ूदार होने का शाप दिया। कानफानाथ ने मन ही मन सोचा कि ऐसी सुन्दरी मिले तो प्राण देकर भी कृतार्थ होऊँ और इसीलिए देवी ने उन्हें शाप दिया कि तुम डाहुक पक्षी होओगे।

जब गोरक्षनाथ की बारी आयी तो सुन्दरी को देखकर गोरक्षनाथ ने सोचा कि ऐसी सुन्दरी मेरी माता हो तो उसकी गोद में बैठकर स्नेह पाऊँ। गौरी गोरक्षनाथ पर प्रसन्न होकर वर दीं।

इस प्रकार से गोरखनाथ परीक्षा में खरे उतरे। परन्तु देवी ने गोरखनाथ की कठोर परीक्षा ली। गोरखनाथ वृक्ष के नीचे बैठकर तपस्या कर रहे थे। देवी ने उन्हें अनेक सुन्दरियों का रूप धारण करके योगभ्रष्ट करना चाहा पर वे अन्त तक खरे उतरे। यहाँ तक कि देवी सुन्दरियों के रूप में नग्न होकर गोरखनाथ के मार्ग में सो जाती थीं तब गोरखनाथ ने विल्वपत्र से उनके शरीर को ढँक दिया था। योग की परीक्षा लेने के लिए देवी मक्खी बनकर गोरखनाथ के उदर में प्रवेश कर गयीं और पीड़ा देने लगीं। गोरखनाथ ने श्वाँस रुद्ध करके बुरी तरह छका दिया। अन्त में देवी राक्षसी बनकर मनुष्य बलि देने लगीं। शिव जी द्वारा कृपा प्राप्त करके गोरखनाथ ने देवी गौरी का उद्धार किया और उनके स्थान पर एक मूर्ति प्रतिष्ठित की। गोरखनाथ की परीक्षा से प्रसन्न होकर देवी गौरी ने उन्हें सुन्दर स्त्री पाने का वर दिया।

गौरी के वरदान को पूर्ण करने के लिए शिव ने माया से एक कन्या उत्पन्न की जिसने गोरखनाथ को पति के रूप में वरण किया। गोरखनाथ उसके घर में जाकर छह महीने का बालक बनकर दूध माँगने लगे। कन्या परेशान हो गयी।

कन्या गोरखनाथ से पुत्र रत्न प्राप्त करने की इच्छा प्रकट की। तब गोरखनाथ ने उससे कहा कि मुझमें काम विकार नहीं है इसलिए तुम हमारी कौपीन (लँगोटी या करपटी) धोकर पी जाओ, तुम्हें पुत्र रत्न प्राप्त हो जायेगा। गोरखनाथ का आदेश पाकर कन्या ने वैसा ही किया। इस प्रकार से जो उत्पन्न हुआ उसका नाम कर्पटीनाथ पड़ा।

शाप पाकर अन्य तीनों सिद्ध भी अपने-अपने कर्म का भोग कर रहे थे। गोरखनाथ अपनी परीक्षाओं में सफल होकर बकुल वृक्ष के नीचे ध्यान लगाये थे। एक दिन कृष्णपाद आकाशमार्ग से उड़ते हुए गोरखनाथ के सिर के ऊपर से कहीं जा रहे थे। छाया देखकर गोरखनाथ ने अपना खड़ाऊँ फेंककर तप बल से कृष्णपाद को नीचे उतार लिया। कृष्णपाद ने व्यंग्य करते हुए कहा कि बड़े सिद्ध बने करतब दिखा रहे हो कुछ गुरु का भी पता है कि कहाँ हैं। आपके गुरु शिव व गौरी के शाप के कारण महाज्ञान भूलकर कदली देश में स्त्रियों के साथ विहार कर रहे हैं। उनकी शक्ति समाप्त हो गयी है तथा उनके जीवन के मात्र तीन दिन ही शेष बचे हैं। जाओ अपनी सिद्धियों को गुरु के बचाने में लगाओ।

व्यंग्य सुनकर गोरखनाथ ने कृष्णपाद से कहा कि मुझे मेरे गुरु के बारे में बता रहे हो परन्तु तुमको अपने गुरु की भी कोई ख़बर है। तुम्हारे गुरु जालन्धरनाथ को महाज्ञानशीला रानी मयनावती के पुत्र राजा गोपीचन्द ने मिट्टी में गड़वा रखा है। अपने-अपने गुरुओं की यह दशा सुनकर दोनों उनके उद्धार के लिए निकल जाते हैं और अपनी-अपनी सिद्धियों के बल पर गुरुओं का उद्धार कराने में सफल हो जाते हैं।

इस प्रकार से नाथपन्थ की यह कथा प्रारम्भ होकर सर्वप्रथम नवनाथों के बारे में बताती है। इसके बाद चौरासी सिद्धों का वर्णन आता है। नवनाथों तथा चौरासी सिद्धों के बाद हज़ारों हज़ार योगियों की कथा भी प्राप्त होती है। जो कि योगी शीलनाथ तथा योगी आदित्यनाथ तक चलती है।

## (2)

## श्रीगुरु गोरखनाथ की काँगड़ा (हिमाचल प्रदेश) के ज्वाला देवी स्थान से गोरखपुर आने की कथा

नाथपन्थ शिव के साथ शक्ति की आराधना के लिए भी विख्यात है। महायोगी गोरखनाथ भी माता जी की आराधना में रत रहते हैं। वे हिमाचल प्रदेश में स्थित ज्वाला देवी धाम में तपस्या और योग साधना किये जिसका वर्णन इस प्रकार है—महायोगी श्रीगुरु गोरखनाथ एक बार हिमाचल प्रदेश में स्थित काँगड़ा स्थान पर ज्वाला देवी के दर्शन करने

पहुँचे। देवी ने उन्हें वहीं ठहरने की प्रेरणा दी, इस पर उन्होंने कहा कि आपके स्थान पर तामसी पदार्थों का भोग लगता है, हमारे लिए यहाँ सात्विक आहार ग्रहण करने की व्यवस्था नहीं हो सकती है। विशेष आग्रह पर गोरखनाथ ने कहा कि अच्छा आप चूल्हा जलाकर खिचड़ी के लिए पात्र में जल गरम करने हेतु रख दें, मैं भिक्षा माँगकर अन्न स्वयं लाता हूँ। इस पर देवी ने पात्र में जल भर कर आग पर चढ़ा दिया, देवी का चूल्हा आज भी जल रहा है लेकिन जल ठण्डा ही रहता है, गोरखनाथ जी उस स्थान पर आज तक नहीं पहुँच सके। वे भ्रमण करते हुए गोरखपुर आ पहुँचे जो उन्हीं के नाम से लोक विश्रुत है।

गोरखपुर की आरण्यक हरियाली और प्राकृतिक रमणीयता पर मुग्ध होकर गोरखनाथ जी इस स्थान को अपनी तपःस्थली का रूप प्रदान कर तपस्या में रत हो गये। श्रद्धालु जनता ने उनके खप्पर को खिचड़ी से भरने का प्रयत्न किया, पर वह नहीं भरा जा सका। इसी चमत्कारी घटना की स्मृति में गोरखनाथ मन्दिर में प्रत्येक वर्ष मकर संक्रान्ति के सुअवसर पर्व पर

विशाल खिचड़ी मेला का आयोजन होता है। गोरखपुर में गोरखनाथ मन्दिर में महायोगी गोरखनाथ की भव्य प्रतिमा प्रतिष्ठित है, जिसकी नित्य पूजा की जाती है। महायोगी गुरु गोरखनाथ की तपोभूमि होने के कारण यह मन्दिर नाथयोगियों, सिद्धों, सन्त-महात्माओं एवं जनमानस की आराधना का केन्द्र है। श्रीगोरक्षपीठ सिद्ध-योगपीठ के रूप में सुविख्यात है। गोरखनाथ जी की दिव्य तपोभूमि अक्षयसलिला राप्ती रोहनी (इरावती) के संगम तट पर स्थित श्रीगोरखनाथ मन्दिर अपनी गरिमा और महिमा से अलंकृत होकर चिरकाल से त्रयताप से सन्तप्त प्राणीमात्र को योगामृत प्रदान करता आ रहा है।

गोरखनाथ जी ने इस मन्दिर में त्रेतायुग में तपस्या करते हुए अखण्ड ज्योति प्रज्वलित की है जो आज भी मन्दिर के गर्भगृह में अखण्ड रूप से प्रज्वलित है तथा त्रेतायुग में ही गोरखनाथ जी द्वारा जलाये गये अखण्ड धूना का आज भी दर्शन किया जा सकता है। ऐसी लोकश्रुति है कि भगवान राम के राज्याभिषेक उत्सव में पधारने के लिए गोरखनाथ जी से प्रार्थना की गयी, तप में तल्लीन होने के कारण केवल उनका आशीर्वाद ही प्रेषित किया जा सका। ठीक इसी तरह यह अनुश्रुति श्रीगोरखनाथ जी के व्यक्तित्व से संयुक्त है कि राजा युधिष्ठिर के राजसूर्य यज्ञ में पधारने के लिए पाण्डववीर भीमसेन गोरखनाथ जी को निमन्त्रण समर्पित करने आये, उस समय महायोगी गोरखनाथ जी गहन समाधि में लीन थे, इसलिए भीमसेन ने कुछ समय तक यहाँ विश्राम किया। कहा जाता है कि उनके शरीर के भार से एक सरोवर बन गया। इस सरोवर का भी दर्शन मन्दिर के प्रांगण में आज भी कर सकते हैं, इसी के बगल में भीमसेन की एक शयनमुद्रा में विश्राम करती विशाल प्रतिमा भी दर्शनीय है।

**अपने गुरु मत्स्येन्द्रनाथ का परकाया-प्रविष्टि प्रक्रिया से उद्धार करने की कथा**

प्रयाग के राजा की मृत्यु हो गयी। उसे श्मशान ले जाया जा रहा था। उसी समय योगी मत्स्येन्द्रनाथ तीर्थयात्रा पर प्रयाग आये हुए थे। मत्स्येन्द्रनाथ मृत राजा के शरीर में प्रवेश कर गये और राजा जीवित हो गया। इस प्रकार राजा के शरीर में प्रवेश करके राज सुखोपभोग किया तथा महल की रानियों के साथ विहार किया। बारह वर्ष पश्चात् महल की रानियों व स्त्रियों को पता चल गया, तब वे उनके पहले शरीर को नष्ट करना चाह रही थी। मृत काया में प्रवेश करते समय मत्स्येन्द्रनाथ ने अपने शरीर की रक्षा की ज़िम्मेदारी अपने शिष्यों को दी थी। हरिद्वार के योगी सम्मेलन में कृष्णपाद ने गोरखनाथ को सूचना दी कि मत्स्येन्द्रनाथ जी सुखोपभोग में आसक्त हैं, गोरखनाथ जी ने अपने गुरु को समझा-बुझाकर उनका उद्धार किया तथा मत्स्येन्द्रनाथ रानी परिमला से पुनः मिलने की प्रतिज्ञा किये।

रानी ने अग्नि में प्रवेश करके शरीर त्याग दिया और एक राजा के घर जयन्ती नाम से जन्म लिया। मत्स्येन्द्रनाथ उसके पिछले जन्म में ही मिलने की प्रतिज्ञा किये थे इसलिए उनकी तरुणावस्था में उनके साथ कदलीवन में विहार किया। देवताओं और सिद्धों ने उनकी और स्तुति की। यह कथा सन्तयोगी ज्ञानेश्वर कृत योगीसम्प्रदायाविष्कृति में वर्णित है।

जोधपुर के महाराज, सिद्धसिद्धान्ततत्वज्ञ मानसिंह के द्वारा संगृहीत नाथचरित्र द्वारा भी श्रीमत्स्येन्द्रनाथ के परकाया प्रवेश की बात की पुष्टि होती है। कथानुसार महायोगी मत्स्येन्द्रनाथ कामरूप में तप कर रहे थे।

उसी समय वहाँ के राजा का प्राणान्त होने पर उसके मृत शरीर में मत्स्येन्द्रनाथ प्रवेश कर गये और महारानी मंगला के साथ विहार करने लगे। सिंहल देश में मंगला और कमला के त्रिया राज्य में पहुँचने पर उन्हें शिवोपदिष्ट ज्ञान का विस्मरण हो गया (ऐसा शिव के शाप के

कारण हुआ)। तत्समय महायोगी गुरु गोरखनाथ जी एक बकुल वृक्ष के नीचे ध्यानस्थ थे। उसी समय आकाश मार्ग से सिद्ध कृष्णपाद कहीं जा रहे थे। गोरखनाथ जी ने योगबल से उन्हें नीचे उतार लिया। कृष्णपाद (कानिपा) ने बताया कि आप के गुरु कदलीवन में सोलह सौ

सेविकाओं द्वारा सेवित महारानी कमला और मंगला के साथ महाज्ञान भूलकर भोग-विलास में लिप्त हैं, उनकी आयु के केवल तीन दिन शेष हैं। गोरखनाथ जी गुरु मत्स्येन्द्रनाथ को त्रिया राज्य से मुक्त करने चल पड़े। गोरखनाथ ने लंग और महालंग नामक दो शिष्यों को लेकर कदली वन में प्रवेश किया। कदलीवन के एक सरोवर के किनारे बैठी नव रमणी ने गोरखनाथ के दिव्य सौन्दर्य से मुग्ध होकर मत्स्येन्द्रनाथ का पता बता दिया। उसने बताया कि त्रिया राज्य में पुरुष प्रवेश निषिद्ध है, केवल नर्तकी जा सकती है। यह कथा (योगी सम्प्रदायाविष्कृति तथा सुधाकर चन्द्रिका में भी प्राप्त होती है)। गोरखनाथ बालक का वेश धारण किये। उसी समय नर्तकी कलिंगा अन्तःपुर में नाचने जा रही थी। गोरखनाथ उस नर्तकी के साथ चलना चाहे तथा स्त्री वेश बनाने और तबला बजाने में अपनी निपुणता का परिचय देकर साथ में चलने के लिए नर्तकी को राजी कर लिया। रात में अन्तःपुर में कलिंगा का नृत्य हुआ और मत्स्येन्द्रनाथ मुग्ध हो गये। गोरखनाथ ने मन्त्र से तबलची के पेट में पीड़ा उत्पन्न कर दी तब नर्तकी ने गोरखनाथ से तबला बजाने को कहा। अवसर देखकर गोरखनाथ ने तबला पर 'जाग मच्छन्दर गोरख आया' की ध्वनि की और गुरु को चैतन्य किया। रानी ने नाना प्रकार से गोरखनाथ को वश में करना चाहा और मत्स्येन्द्रनाथ भी वह सुख छोड़कर दूसरे स्थल पर जाने में पसोपेश में रहे परन्तु अन्ततः श्रीगुरु गोरखनाथ उन्हें क्षणभंगुर विषय-सुख से विरक्त करने में सफल हुए।

नाथ सिद्धचरितामृत में वर्णित है कि अन्तःपुर में प्रवेश के लिए गोरखनाथ ने स्वयं नर्तकी का रूप धारण किया तथा राजद्वार पर जाकर मर्दल ध्वनि करने लगे। मर्दल से शब्द निकले—

*छाटै तजौ गुरु छाटै तजौ, तजौ लोभ मोह माया।*
*आत्मा परचौ राखौ गुरुदेव, सुन्दर काया।*
*कान्ही पाव भेंटीला गुरु, विद्यानग्र सै।*
*त्राथैं मैं पाइला गुरु, तुम्हारा उपदेसौं।*
*एतै कछ कथीला गुरु, सर्वे भैंला भोलै।*
*सर्व रस खोइला गुरु बाँधनी के षोलै।।*
*नाचत गोरखनाथ धूंधरी चें घातैं।*
*सवै कमाई षोई गुरु बाँधनी चौं राचौं।*
*रस-कुस बहि गयीला, रहि गयी होई।*
*भणत मछिन्द्रनाथ पूता, जोग न होई।।*
*रस-कुस बहि गयीर्ला रहि गयीला सारं।*
*बदंत गोरषनाथ गुरु जोग अपारं।।*
*आदिनाथ नाती मछिन्द्रनाथ पूता।*
*षटपदी भणींलै गोरष अवधूता।।*

इसका अर्थ है कि हे गुरुदेव मत्स्येन्द्रनाथ! आप महायोग ज्ञान के स्वामी हैं। आप सिद्धमत, नाथयोग के सद्गुरु हैं। आप लोभ, मोह और माया को पृथक् कर, इनका त्याग कर दीजिए। आप आत्मा के साम्राज्य के अधिपति हैं। आत्मज्ञान-महायोगज्ञान में स्वरूपस्थ हो जाइए, आप आत्मा के योगी हैं, गुरुपद पर प्रतिष्ठित योगेश्वर हैं। विद्यानगर के योगिराजेन्द्र सम्मान्य कृष्णपाद से मुझे यह उपदेश मिला कि आपने कामरूप के रमणी राज्य में योगिनी कौलमत की साधना में आसक्त होकर सिद्धामृत ज्ञान का विस्मरण कर दिये हैं।

यह निर्विवाद है कि योगज्ञान से आप विमुख नहीं हो सकते हैं। आपको कामिनियों के सौन्दर्य ने भ्रमित मात्र कर दिया और आपको योगज्ञान के शुद्ध स्वरूप में भ्रम सा हो गया है। हे गुरुदेव! आपने माया को क्रोड (गोद) में आलिंगित कर अमृत रस नष्ट कर दिया है। आपने माया नर्तकी के कृत्य पर उसकी नूपुर ध्वनि से मूर्च्छित होकर उसके राग में बन्धन स्वीकार कर लिया और इस तरह महायोगज्ञान की साधना की सिद्धि रूपी कमाई खो दी है। आपके शरीर में रस (वीर्य) अधोगामी होकर रमणी आलिंगन से बाहर निकल गया। केवल निस्सार तत्त्व ही शेष हैं। मैं आपका शिष्य कहता हूँ कि योग की साधना की शक्ति आप में अब नहीं रह गयी। वीर्य के अधोगामी हो जाने पर भी आप में आत्मामृत सहस्रार के चन्द्रमण्डल से द्रवित अमृत रस सुरक्षित है। यह अपार अगम महायोग तत्त्व है। मैं अवधूत गोरखनाथ योगी, इस षटपदी में सिद्धामृतमार्ग अथवा नाथयोगमत के अमृत तत्त्व का प्रतिपादन करता हूँ।

इस प्रकार के संकेत के द्वारा नर्तकी रूप में गोरखनाथ ने अपने गुरु को मर्दल ध्वनि के द्वारा सिद्धामृत मार्ग पर प्रवृत्त किया।

**मिथिलानरेश महाराजा शिवसिंह की आज्ञा से महाकवि विद्यापति द्वारा रचित 'गोरक्षविजय'** नाटक में भी उपर्युक्त कथा का विवरण प्राप्त होता है। इस नाटक में भी गोरखनाथ अत्यन्त सुन्दरी नर्तकी का रूप धारण कर कदलीवन में प्रवेश करते हैं। गोरखनाथ ने देखा चारों दिशाओं में स्त्रियाँ चँवर डुला रही हैं। चार सौ स्त्रियाँ चरणों का प्रसाधन कर रही हैं। गोरखनाथ नर्तकी वेश में गाकर अपने गुरु मत्स्येन्द्रनाथ को

जगाने की कोशिश कर रहे हैं। गोरखनाथ के वचनों से राजा मीननाथ (मत्स्येन्द्रनाथ) को धीरे-धीरे आत्मज्ञान का स्मरण होने लगा। **गोरक्षविजय** में गोरखनाथ जी ने कहा कि—

*विसरल गुरु मुखं वाच। ताहि परे अवरं कि साच।*
*विसरल माणिक मोति। तिरिअ-नयन के जोति॥*
*अबहु न सम्भव मोहे। रे मीननाथ।*
*भनइ विद्यापति बोध। एहि ओहि परम विरोध॥*

हे गुरुदेव! आप गुरुमुख की वाणी भूल गये। उस वाणी से परे और कुछ भी महत्त्वपूर्ण नहीं है। स्त्री के नयन ज्योति के सामने ज्ञान के माणिक और मोती भूल गये। हे मीननाथ! अब मोह सम्भव नहीं है। आप प्रबुद्ध हो जाइए। इसमें (लौकिक प्रेम) और उसमें (आध्यात्मिक ज्ञान) में परम विरोध है।

कदलीवन के विहार से उत्पन्न मत्स्येन्द्रनाथ का मोहजाल छिन्न-भिन्न हो जाता है। वे गोरखनाथ को अपने गले लगाकर उनको अपना प्राण स्वीकार करते हैं—

*तत्यें मोर गोरख प्रथमक सीषासेवा अएलाहु देह असीष।*
*सब आ गुरु भगति पए जान। तोहे मोर गोरख प्राण समान॥*

—गोरक्षविजय

गोरखनाथ जी ने अपने गुरुदेव से कहा कि हे गुरुदेव! कोदण्ड (धनुष) और दण्ड (राजदण्ड) दोनों के बीच करोड़ों सूर्य के समान प्रभापूर्ण राज्य को छोड़कर, हे राजेन्द्र! उस ब्रह्मज्योति का चिन्तन कीजिए—

*कोदण्डदण्डयोर्मध्ये सूर्यकोटिसमप्रभम्।*
*राज्यं विहाय राजेन्द्र! तज्ज्योतिरूपरिचिन्त्यताम्।*

—गोरक्षविजय

अतएव **गोरक्षविजय** के अनुसार योगी मत्स्येन्द्रनाथ को गोरखनाथ द्वारा मुक्ति प्रदान करायी गयी।

**नेपाल का वृत्तान्त**—गोरखनाथ के विषय में नेपाल में भी अनेक उपाख्यान प्राप्त होते हैं। नेपाली बौद्ध कथाओं में श्रीगुरु गोरखनाथ के गुरु मत्स्येन्द्रनाथ को अवलोकितेश्वर माना गया है। नेपाल की एक कथा इस प्रकार है—

(क) योगी मत्स्येन्द्रनाथ नेपाल में एक पर्वत पर रहते थे। गोरखनाथ जी उनके दर्शन के लिए गये। पर्वत पर चढ़ना कठिन जानकर नवनागों को बाँधकर तथा अपने आसन के नीचे 96 करोड़ मेघमालाओं को दबाकर बैठ गये। परिणामतः नेपाल में बारह वर्ष तक वर्षा नहीं हुई और अकाल पड़ गया। सारे नेपाल में हाहाकार मच गया। राजा नरेन्द्रदेव के गुरु बुद्धदत्त ने अकाल का कारण समझ लिया और गोरखनाथ जी के गुरु मत्स्येन्द्रनाथ जी को गोरखनाथ के सामने लाने का निश्चय किया। यथोचित अनुष्ठान द्वारा अवलोकितेश्वर मत्स्येन्द्रनाथ जी श्रीगुरु गोरखनाथ जी के समक्ष मृगस्थली में लाये गये। गोरखनाथ आसन से उठकर गुरु को प्रणाम किये। मेघमालाएँ छूट गयीं और नेपाल में भारी वर्षा हुई। मत्स्येन्द्रनाथ के आगमन के स्मरण में प्रत्येक वर्ष रथयात्रा-उत्सव मनाया जाता है।

श्रीगुरु गोरखनाथ जी के **मेघमालासतीकृत** रूप के स्तवन में उनके शिव गोरक्षरूप की रमणीय झाँकी मिलती है—

*चन्द्रार्कद्रुहिणाच्युताम्बुजलसल्लोकेशकंसारिभिः*
*काली भैरव सिन्धुरास्यहनुमत्क्रोडैः परीवारितम्।*
*वन्दे तं नवनाथसिद्धमहितं मेधाहिमालासनं,*
*मालापुस्तकशूलडिण्डिमधरं गोरक्षमृत्युन्जयम् ॥*

नेपाल के ही एक प्रखण्ड दांग के राजकुमार रतनपरीक्षक को गोरखनाथ ने नाथयोग में दीक्षित किया था। रतनपरीक्षक नाथ सम्प्रदाय में सिद्ध हाजी रतननाथ के नाम से प्रसिद्ध हैं और वे सात सौ साल की आयु का भोग करते हुए पृथ्वी पर विचरण करते रहे।

(ख) नेपाल के राजवंश पर श्रीगुरु गोरखनाथ की कृपा बनी रहती है। नेपाल के इतिहास में यशोवर्मा का नाम स्वर्णाक्षरों में अंकित है। उनके तीन पुत्र थे—नरहरिशाह, नरपतिशाह और द्रव्यशाह। द्रव्यशाह माता की आज्ञा से गोसेवा में नियुक्त थे। एक बार वे दूध गरम कर रहे थे तभी बारह वर्ष के तरुण योगी के वेश में गोरखनाथ जी ने आशीर्वाद दिया कि आपके वंश के नरेश सम्पूर्ण नेपाल के शासक होने का गौरव प्राप्त करते रहेंगे। द्रव्यशाह के पुत्र रामशाह को यह बात विदित थी कि हमारे वंश का राज्य श्रीगुरु गोरखनाथ के आशीर्वाद से गो-सेवा के फलस्वरूप प्राप्त हुआ है। वे सदा गो-सेवा में लगे रहते थे। शाहराजवंश के महान शासक पृथ्वी नारायण शाह बाल्यावस्था में साथियों के साथ खेलते हुए छिपकर एक गुफा में चले गये। गुफा के भीतर प्रवेश करते हुए उन्होंने देखा कि व्याघ्र चर्म पर गले में सर्प धारण किये हुए, कोटि-कोटि कामदेव से भी सुन्दर जटाजूट से शोभित, रुद्राक्ष माला से समलंकृत कर्णकुण्डल पहने हुए महायोगी गोरखनाथ विराजमान हैं।

श्रीगुरु गोरखनाथ जी ने कहा कि घर जाकर मेरे लिए दही माँग लाओ। पृथ्वीनारायण शाह माता से दही माँगकर गुफा में ले आये। गोरखनाथ जी ने दही पीकर बालक से कहा कि तुम अंजलि बाँधो, उसे पीने का आदेश दिया, बालक ने अनिच्छा प्रकट की, दही अंजली खुल जाने पर उसके पैर पर गिरा। गोरखनाथ जी ने कहा कि यदि यह दही प्रसाद के रूप में तुम खा लेते तो तुम्हारा वंश समस्त भूमण्डल का चक्रवर्ती राजा होता, पर दही की बूँदे तुम्हारे पैर पर पड़ी हैं, इसलिए तुम जिस भूमण्डल को जीतने के लिए युद्ध-यात्रा करोगे, उस पर तुम्हारा अपने आप अधिकार हो जायेगा। कालान्तर में एक महात्मा के रूप में गोरखनाथ ने उन्हें पुनः दर्शन दिया और तलवार प्रदान की। नेपाल पर पृथ्वी नारायण शाह के ही वंश का आधिपत्य था। सभी शाह वंश के नरेशों ने गोरखनाथ जी को अपना इष्टदेव स्वीकार किया है। नेपाल के सिक्कों पर आज भी श्रीगुरु गोरखनाथ जी की चरणपादुकाओं का चिह्न तथा 'श्रीश्रीगोरखनाथ' अंकित रहता है। शाहवंश के राजाओं का राजतिलक गोरखनाथ जी के तपोभूमि मृगस्थली के महन्त द्वारा सम्पन्न होता है। गोरखनाथ जी नेपाल के राष्ट्रगुरु के रूप में परम पूज्य हैं।

उज्जैन के महाराजा भर्तृहरि और उनकी बहन मयनावती पर गोरखनाथ जी की विशेष कृपा थी। उज्जैन के विशाल राज्य को त्यागकर और अपनी रानी पिंगला के विश्वासघात से दुःखी होकर भर्तृहरि ने महायोगी गोरखनाथ से दीक्षा लेकर उनके सद्मार्गदर्शन में जीवन सफल किया। राजा भर्तृहरि ने देशाटन करते हुए देवास (उज्जैन, म. प्र.) नामक स्थान पर चामुण्डा माता की टेकड़ी (पहाड़ी) पर, माता शरण में रहकर तप

किया और वहीं पर **वैराग्य शतक** नामक ग्रन्थ का प्रणयन किया। भर्तृहरि से महायोगी गोरखनाथ की मिलने की कथा इस प्रकार है—उज्जैन के महाराजा भर्तृहरि एक बार एक मृग का शिकार करके लौट रहे थे। उस समय मृगी करुण विलाप करती हुई उनके पीछे-पीछे चली जा रही थी। उसी समय वहाँ पर गुरु गोरखनाथ प्रकट हो गये और उन्हें इसका ज्ञान कराया। राजा को बड़ा दुःख हुआ और वे मृग को जीवित करने की प्रार्थना करने लगे। महायोगी गुरु गोरखनाथ उस मृग को योगबल से जीवित कर दिये। तभी से भर्तृहरि गुरु गोरखनाथ के शिष्य हो गये। रानी पिंगला के कुकृत्य से भर्तृहरि के मन में वैराग्य पैदा हो गया और वे अपना राजकाज अपने भाई विक्रमादित्य को सौंपकर जंगल में एक लँगोटी धारण करके तप करने लगे। गुरु गोरखनाथ सूक्ष्म शरीर से उनके पास पहुँचकर उनका मार्गदर्शन करते रहते थे।

भर्तृहरि की बहन मयनावती के पुत्र गोपीचन्द गौड़ बंगाल के शासक थे। मयनावती पर गोरखनाथ की बड़ी कृपा रहती थी। गोपीचन्द की दीक्षा के अवसर पर गोरखनाथ जी राजमहल में पुण्य रथ पर विराजमान होकर आये थे। गोपीचन्द को सिन्ध में पीर पटाव कहा जाता था। वहाँ वे एक पहाड़ी पर रहते थे। उस पर पहले दयानाथ योगी का अधिकार था। दयानाथ योगी के पास एक टोकरी थी जिससे सवा लाख फ़क़ीरों के लिए वह आग जलाया करता था। उनके पास एक बैल था जो उनके योगबल से नदी से पानी के थैले को खींचा करता था। उनके पास एक रस्सी और लठ्ठ था। वह किसी को भी उस रस्सी से खींचकर, उस लठ्ठ से पिटवा सकता था। उन दिनों गोरखनाथ जी गिरनार पर तप

कर रहे थे। उनके योगबल से वातावरण में शान्ति छा गयी। दयानाथ ने यौगिक शक्ति से इस बात को जान लिया। वह एक फूँक से पहाड़ी पर आग प्रकट कर, उसको छोड़कर, धीणोधर की पहाड़ी पर आ गया। गोपीचन्द ने गोरखनाथ से आग बुझाने की प्रार्थना की। आग का वेग शान्त हो गया। योगी दयानाथ और उनके अनुयायी गोरखनाथ के शिष्य बन गये। गोपीचन्द ने गोरखनाथ की कृपा से सिन्धु की इस पहाड़ी पर निवास किया।

पंजाबी प्रेम कथा में राँझा का नाम अमर है। राँझा के योग साधना का प्रतीक झेलम नदी के पवित्र तट पर स्थित गोरख टिल्ला है। राँझा तख्त हजारा के चौधरी के सबसे छोटे लड़के थे। झंग के चौधरी मेहर चोचक की रूपवती कन्या हीर से वह प्यार करता था, पर हीर का विवाह उसके माता-पिता ने दूसरे से कर दिया। राँझा ने निराश होकर

योगीश्वर गोरखनाथ की शरण ग्रहण की। उस समय गोरखनाथ झेलम नदी के तट पर स्थित गोरख टिल्ला में तप कर रहे थे। राँझा ने गोरखनाथ जी के चरणों पर पाँच पैसे और सुपारी समर्पित कर योग दीक्षा की याचना की। राँझा ने गोरखनाथ जी से कहा कि मुझे आशीष दीजिए कि मैं हीर का प्रेम प्राप्त करूँ। गोरखनाथ जी ने कहा कि योगी होना आसान कार्य नहीं है। प्रेमास्पद तो एक मात्र परमात्मा है। योगी को शरीर पर राख मलकर शरीर को राख समझना होता है। नारी वर्ग को माँ-बहन के रूप में देखना होता है। आजीवन भिक्षा माँगकर जीवन-यापन करना होता है। संसार को अपना समझना होता है। राँझा ने कहा कि मेरा प्रेमास्पद ही परमात्मा है। मैं योगी बनूँगा। गुरु गोरखनाथ जी ने उनके कान फाड़कर उनमें कुण्डल पहनाकर नाथयोग की दीक्षा दी और अपना शिष्य स्वीकार कर लिया। गोरखनाथ जी के अनुग्रह से वे नाथ सम्प्रदाय में प्रेम योगी के रूप में प्रसिद्ध हो गये।

## (3)

**तिब्बती परम्परा के अन्तर्गत** जालन्धरनाथ को नागरभोग गाँव के ब्राह्मण कुल में उत्पन्न कहा जाता है। ये बाल्यकाल में जगत की नश्वर प्रकृति पर विचार किया करते थे, तो उदास हो जाते थे। एक समय की बात है कि वे श्मशान के एक वृक्ष की छाया में बैठकर जीवन की क्षणभंगुरता पर विचार कर रहे थे। उन्होंने वहाँ एक डाकिनी को यह कहते सुना कि चित्त में शुद्ध विचार रखना चाहिए। उसने उन्हें

हेवज्रतन्त्र मार्ग में दीक्षित किया। उसने प्रत्यक्ष साक्षात्कार की विधि बताते हुए कहा कि भावना करो कि तुम सभी इन्द्रियग्राह्य पदार्थों को अपने काव्य, वाक् और चित्त में आकर्षण कर रहे हो। इसी बात की धारणा तुम्हें इड़ा, पिंगला और सुषुम्ना नाड़ियों में करनी चाहिए। इस तरह मस्तक के मुक्त आकाश में खुलने वाली सुषुम्ना नाड़ी के माध्यम से अपने विचार प्रत्यय को निर्मल करना चाहिए। डाकिनी के निर्देश से जालन्धरनाथ कठोर साधना में तत्पर हो गये। सात वर्ष के पश्चात् उन्हें सिद्धि की प्राप्ति हुई। कहा जाता है कि उनकी गणना अच्छे पण्डित-भिक्षु

के रूप में की जाती थी। उन्होंने घण्टापाद के शिष्य कूर्मपाद का शिष्यत्व स्वीकार कर लिया। धीरे-धीरे उनकी साधना आदिनाथ द्वारा उपदिष्ट महायोग ज्ञान से समृद्ध हो उठी। उन्होंने शैव योग साधना में सिद्धि प्राप्त कर गौड़ बंगाल के राजा माणिकचन्द्र की महारानी मयनावती को योग ज्ञान से प्रबुद्ध किया। मयनावती के प्रभाव से माणिकचन्द्र के मन में भी जालन्धरनाथ के महायोग ज्ञान का प्रभाव पड़ने लगा। माणिकचन्द्र को कोई पुत्र नहीं था। रत्नाकर व्रत के अनुष्ठान से माणिकचन्द्र को गौड़ बंगाल के राज्य के उत्तराधिकारी के रूप में गोपीचन्द जैसे पुत्र की प्राप्ति हुई। माणिकचन्द्र को डर हो गया कि कहीं मयनावती तथा जालन्धरनाथ के प्रभाव में आकर उनका पुत्र गोपीचन्द योगी न बन जाय। इसलिए उनके और महारानी मयनावती के बीच मनमुटाव रहने लगा। परिणामस्वरूप जालन्धरनाथ को राजमहल में प्रवेश करने पर रोक लगा दी और जालन्धरनाथ से प्रभावित रानी मयनावती को देश से निकाल दिया। वह फेरुसा नगर चली गयी। राजा से असन्तुष्ट होकर जालन्धरनाथ ने राजा को श्राप दे दिया कि वह छह माह के अन्दर मर जायेगा। मृत्यु का समय आ जाने पर रानी मयनावती को बुलाया गया, परन्तु जालन्धरनाथ के श्राप से राजा की मृत्यु हो गयी। राजा की मृत्यु के बाद गोपीचन्द ने अपनी माता रानी मयनावती की देख-रेख में राज्य का शासन भार सँभाला, परन्तु गोपीचन्द भोगविलास में रत हो गये और पटरानी उदयिनी और पदमिनी के रूपजाल में फँस गये। यह देखकर रानी मयनावती ने गोपीचन्द से कहा कि तुम योग सिद्ध जालन्धरनाथ से योग दीक्षा ग्रहण करो, यह शरीर नश्वर है, विषय सुख नश्वर है।

जालन्धरनाथ ने गोपीचन्द से कहा कि योगी होना आसान कार्य नहीं है। कठिन से कठिन परीक्षा देनी होगी। अपनी राजधानी से आपको मेरे स्नान के लिए घड़े में पानी भर कर लाना होगा। मेरे भोजन के लिए आपको अपनी पटरानियों को माँ कहकर भिक्षा माँगकर लानी होगी। माँ से आज्ञा प्राप्त करने के बाद आप योगी वेश धारण कर सकेंगे। गोपीचन्द सभी परीक्षाओं में खरे उतरे। गोपीचन्द गुरु की परीक्षा में सफल हो गये। माँ मयनावती के पास अनुमति के लिए गये, तब उनकी माता जी ने कहा कि मैंने तुम्हें जालन्धरनाथ के पास अजर-अमर करने के लिए भेजा था। मेरा यह उद्देश्य नहीं था कि गौड़ बंगाल का शासक विशाल राज्य का परित्याग कर गेरुआ वस्त्र धारण कर योगी बन जाय। मयनावती यह कहकर रोने लगीं। सारे रनिवास में हाहाकार मच गया। प्रजा अत्यन्त व्याकुल हो उठी 1 महायोगी जालन्धरनाथ राजमहल के प्रांगण में प्रवेश करके महारानी से बोले कि राजभोग का सुख अस्थायी और क्षणिक है। आप गोपीचन्द के योगी होने के मार्ग में बाधा न उत्पन्न कीजिए। गेरुआ वेश धारण करने वाले योगीराज गोपीचन्द को सिद्धपाद जालन्धरनाथ ने अक्षर, निरंजन, सच्चिदानन्द स्वरूप अनिर्वचनीय शून्य पद में स्थित परम शिव की उपासना की विधि बतायी, गुरु शिष्य को साथ लेकर भ्रमण के लिए निकल पड़े। मेहर कुल के राजघराने में रमणी के सौन्दर्य और विषयभोग पर विजय प्राप्त करने के लिए झाड़ू देने का संकल्प करने वाले योगीराज जालन्धरनाथ की योग सिद्धि साकार हो उठी, वे अपने व्रत में सफल हुए। गोपीचन्द गुरु के पीछे-पीछे चल पड़े। भ्रमण करते हुए योगेश्वर जालन्धरनाथ गोपीचन्द

को साथ लिए हुए दक्षिण भारत पहुँच गये। दक्षिण भारत के एक नगर में हीरा नामक एक अत्यन्त रूपवती वेश्या रहती थी। गोपीचन्द की कड़ी परीक्षा लेने के लिए जालन्धरनाथ ने उन्हें वेश्या के हाथ बन्धक रखकर प्रस्थान किया। वेश्या ने गोपीचन्द को अपने रूपजाल में फँसाने का प्रयत्न किया, परन्तु वे उसके वश में नहीं हुए। उसने गोपीचन्द को एकान्त स्थान में रख दिया। जालन्धरनाथ ने भ्रमण से लौटकर वेश्या से गोपीचन्द की माँग की। वेश्या ने कहा कि उसकी मृत्यु हो गयी है। जालन्धरनाथ ने ध्यान की दृष्टि से सारी बात समझ ली। उन्होंने हुंकार भर के गोपीचन्द का बन्धन तोड़ दिया। इस तरह जालन्धरनाथ ने गोपीचन्द की कड़ी परीक्षा ली और सफल शिष्य को पाकर प्रसन्न हुए। चूँकि मयनावती ने केवल 12 वर्ष तक गोपीचन्द को योगीवेश में रहने का आदेश दिया था, इसलिए जालन्धरनाथ ने उनको माँ के हाथ में सुरक्षित सौंप दिया, परन्तु गोपीचन्द को पूर्ण रूप से महायोग प्रदान करने की दृष्टि से उनकी यौगिक शक्ति का हरण कर लिया। गोपीचन्द की रानी उदुना और पुदुना ने समझाया कि आपके गुरु योगसिद्ध नहीं हैं। वे जादूगर हैं। उनसे प्रभावित होकर राजा गोपीचन्द ने जंगल के एक कुएँ में जालन्धरनाथ को डलवाकर उसमें ऊपर से मिट्टी भरवा दी। थोड़ा-सा छिद्र ही दीख पड़ता था। जिस समय जालन्धरनाथ को मिट्टी के नीचे डलवा दिया गया था, उसी समय मत्स्येन्द्रनाथ कदलीवन में महारानी कमला और मंगला के रमणी राज्य में विहार कर रहे थे।

एक समय की बात है गोरखनाथ बकुल वृक्ष के नीचे तप कर रहे थे, तभी जालन्धरनाथ के शिष्य कृष्णपाद वहाँ आये और दोनों ने

एक-दूसरे के गुरु का वृत्तान्त वर्णित किया। तत्पश्चात् गोरखनाथ अपने गुरु मत्स्येन्द्रनाथ को तथा कृष्णपाद (कान्हपा) अपने गुरु जालन्धरनाथ को मुक्त कराने चले। गोपीचन्द की रानी उदुना-पुदुना के आदेश से राजमहल में किसी भी योगी का प्रवेश वर्जित था, लेकिन योगबल से कृष्णपाद महाराज गोपीचन्द से भेंट किये और अपनी योजना के तहत गुरु का उद्धार करने चले। गोपीचन्द को साथ लेकर कुएँ पर गये और जालन्धरनाथ के शाप से भस्म होने से उनको बचा लिया। जालन्धरनाथ ने गोपीचन्द को क्षमा कर दिया। राजा का मन राजकार्य और विषयसुख से उचट गया। जालन्धरनाथ ने उन्हें महायोग ज्ञान प्रदान करके अपना शिष्य बना लिया, इस प्रकार से गुरु की कृपा प्राप्त करके गोपीचन्द योगीराज हो गये।

एक अन्य कथा के अनुसार कुरुवंश के राजा बृहश्रव ने हस्तिनापुर का राज्य करते समय सोमयज्ञ प्रारम्भ किया। उसी अग्नि कुण्ड से यज्ञ कर रहे ब्राह्मणों को एक बच्चा प्राप्त हुआ। राजा बच्चे को लेकर राजमहल में रानी के पास गये। रानी ने पूछा यह किसका बालक है? राजा ने बताया—यह अग्नि देवता का प्रसाद है। रानी ने बच्चे को गोद में लेकर दूध पिलाया और ईश्वर की कृपा से स्तनों में दूध निकलने लगा। बारहवें दिन नामकरण संस्कार किया गया और बच्चे का नाम जालन्धरनाथ रखा गया। जालन्धरनाथ के सभी संस्कार किये गये तथा इनके विवाह के लिए कन्या ढूँढ़ी जाने लगी। विवाह की बात सुनकर जालन्धरनाथ जंगल में चले गये। जंगल में वे घास पर सोये थे, उसी समय उनके पास आये हुए अग्निदेव ने अपने बेटे को पहचान लिया और पूछा—बेटे यहाँ आने का कारण बताओ? तब जालन्धरनाथ ने कहा तुम कौन हो? अग्नि ने कहा कि बेटा मैं तुम्हारी माँ हूँ और पूरा वृत्तान्त सुनाया। यह सुन जालन्धरनाथ ने कहा कि मैं चाहता हूँ कि मेरा यश त्रिभुवन में फैले और मैं अमर हो जाऊँ। पुत्र की यह कामना सुनकर अग्निदेव अत्यधिक प्रसन्न हुए और दत्तात्रेय जी के पास ले गये। दत्तात्रेय जालन्धरनाथ को अपने संग लेकर नित्य घूमते हुए भागीरथी तट पर आकर स्नान करते और भिक्षाटन के लिए चले जाते थे। इस प्रकार से जालन्धरनाथ बारह वर्ष तक दत्तात्रेय जी के साथ रहकर सम्पूर्ण शास्त्रों में पारंगत हो गये। सभी विद्याओं में पारंगत होने के बाद दत्तात्रेय ने जालन्धरनाथ से सभी देवताओं की आराधना करवाई, तब सभी देवताओं ने पृथ्वी पर उतरकर जालन्धरनाथ को वरदान दिया।

अग्निदेव भी आये और अपने पुत्र को सभी विद्याओं में निपुण देखकर प्रसन्न हुए। पहले जिन देवताओं से मत्स्येन्द्रनाथ को आशीर्वाद प्राप्त हुआ था, उन सभी देवताओं ने जालन्धरनाथ को भी वरदान दिया। तत्पश्चात् बारह वर्ष के लिए वे बद्रीनाथ जाकर तपस्या करने लगे। तप के पश्चात् शिव जी ने जालन्धरनाथ से कहा—अब तुम नागपत्र अश्वश्यामा की जगह जाकर यज्ञ करो, वहीं पर तुम्हें देवताओं से सॉबर मन्त्र का वरदान मिलेगा। इस प्रकार सॉबर विद्या सिद्ध करके अपने शिष्य कानिफानाथ को बद्रीनाथ में छोड़कर भ्रमण पर निकल पड़े।

जालन्धरनाथ के सिर पर घास का गट्ठर हमेशा बना रहता था, जो उनके सिर से एक-दो बालिश्त ऊँचा रहता था। गट्ठर और उनके सिर के बीच में जगह रहती थी और वह सिर को स्पर्श नहीं कर पाता था। जालन्धरनाथ घूमते-घूमते गौड़ बंगाल की हेलापट्टन नगरी आ पहुँचे। उस वक़्त वह घास का गट्ठर लोगों के लिए कुतूहल का विषय था। लोग उनके दर्शन के लिए आने लगे। वे भिक्षा माँग कर उदर पूर्ति करते। वहाँ पर युवा राजा गोपीचन्द राज्य करता था, जिसकी माता मयनावती चतुर और सदाचारी नारी थी। एक दिन उसने अपने महल के चौबारे से देखा कि जालन्धरनाथ के सिर पर गट्ठर अधर में लटका है। मयनावती को आश्चर्य हुआ। उसे समझते देर न लगी कि यह कोई सिद्ध सन्त है। इन्हें अपना गुरु बनाकर जीवन सफल करना चाहिए। यह सोचकर रानी ने जालन्धरनाथ के स्थान का पता लगाकर अर्द्धरात्रि में उनके पास गयीं। उस समय जालन्धरनाथ समाधि लगाये बैठे थे। काफ़ी समय बाद जब उनकी समाधि टूटी तब अपने सामने दो नारियों

को बैठा पाया। जालन्धरनाथ ने पूछा माताओ आप कौन हो और आधी रात को मेरी धूनी पर किस उद्देश्य से आयी हैं। मयनावती दोनों हाथ जोड़कर बोली, योगीराज मैं यहाँ के राजा गोपीचन्द की माता हूँ। मेरा नाम मयनावती है और मेरे साथ मेरी दासी है। योगीराज आप मुझे ज्ञानामृत पिलाकर मेरी अज्ञानता दूर करें। जालन्धरनाथ ने कहा कि इस समय तुम जाओ समय आने पर तुम्हें दीक्षा दूँगा। उस दिन मयनावती वापस आ गयी, परन्तु पुनः दूसरे-तीसरे दिन वे योगी महाराज की कुटिया पर रात्रि में जातीं और धर्म चर्चा सुनकर लौट आती। इस बीच जालन्धरनाथ ने रानी मयनावती की अनेक प्रकार से परीक्षा ली। सन्तुष्ट होकर जालन्धरनाथ ने मयनावती को धर्म उपदेश देकर अपनी शिष्या बना लिया। रानी मयनावती ने गुरु के चरणों में अपना मस्तक नवा दिया। जालन्धरनाथ ने विद्या मन्त्रों का उच्चारण कर रानी मयनावती को अमरता का वरदान दे दिया।

एक दिन राजा गोपीचन्द स्नान के पहले धूप में तेल मालिश करा रहे थे, तब रानी मयनावती का ध्यान बेटे की तरफ़ गया। वे सोचने लगीं कि उनके पति त्रिलोचन चन्द्र का शरीर भी इसी तरह का था और वे काल के गाल में

समाकर चन्दन चिता की भेंट चढ़ गये। उसी प्रकार मेरे बेटे की काया भी एक दिन चन्दन के भेंट चढ़ जायेगी और रोने लगीं। माता को रोता देखकर राजा गोपीचन्द ने माता के पास जाकर रोने का कारण पूछा। राजा के साथ पटरानी लोमावती भी गयी थी। मयनावती ने बताया कि जिस प्रकार एक दिन तुम्हारे पिताजी की मृत्यु हो गयी थी, उसी तरह तुम्हारी भी मृत्यु हो जायेगी। यही सोच कर रो रही हूँ। राजा गोपीचन्द ने कहा माता रोने से कोई लाभ नहीं है, जो मृत्यु लोक में आया है, उसे जाना ही पड़ेगा। रानी मयनावती ने गोपीचन्द से कहा कि अमर तत्त्व प्रदान करने वाले योगी जालन्धरनाथ हमारी नगरी में पधारे हैं। तुम भक्ति भाव से उनकी शरण में जाकर उनके शिष्य बन जाओ तथा अमर तत्त्व प्राप्त करो। तब गोपीचन्द ने कहा माँ मैं बारह वर्ष के बाद गुरु शरण में जाऊँगा। मयनावती बोली, बेटा एक पल का भी भरोसा नहीं है, तुम बारह वर्ष की बात करते हो। गोपीचन्द ने अपनी माँ को उत्तर दिया कि माँ मैं आपकी आज्ञा का पालन करूँगा, लेकिन पहले योगी जालन्धरनाथ के बारे में जानकर ही मैं उनकी शरण में जाऊँगा। यह कहकर राजा स्नान के लिए चले गये। पटरानी लोमावती यह सब सुन रही थी। उसने जाकर अपनी सभी सौतों को बुलाया और पूरा वृत्तान्त बताया और कहा यदि हमारे पति संन्यासी हो जायेंगे, तब मेरे साथ मेरी कन्याओं का भी भाग्य फूट जायेगा। इसलिए कोई ऐसा उपाय करना चाहिए कि मेरे स्वामी योगी न बनें।

अगले दिन जब राजा गोपीचन्द सोकर उठे और पटरानी लोमावती के अन्तःपुर में पधारे तो पटरानी राजा को देखकर रोने लगी।

रोने का कारण पूछने पर उन्होंने बताया कि मैं सत्य बोलने का साहस नहीं कर पा रही हूँ। यह सुनकर आपको क्रोध आ जायेगा। महाराज के आश्वासन देने पर उसने बताया कि काफ़ी दिनों से जासूसी करने पर यह पता चला है कि यह जो योगी है उसका और राजमाता का नाजायज़ सम्बन्ध है, राजमाता हम लोगों के सो जाने पर नित्य जालन्धरनाथ की कुटिया पर पहुँच जाती हैं। इन दोनों ने मिलकर षड्यन्त्र रचा है कि राजा को दीक्षा के बहाने राज-पाट छुड़वाकर दूर भगा दें और हम दोनों मिलकर राज्य सुख का आनन्द लूटें। चाहे तो मेरी बात की जाँच करवा सकते हैं। अपनी पटरानी की बात सुनकर राजा को पूर्ण विश्वास हो गया कि राजमाता योगी के जाल में फँस गयी हैं। राजा गोपीचन्द ने अपने मन्त्री को एकान्त में बुलाकर आदेश दिया कि योगी जालन्धरनाथ को गड्ढा खोद कर उसमें डालकर ऊपर से मिट्टी डाल दो, यह बात किसी को पता न चले। राजा गोपीचन्द की आज्ञा पाकर मन्त्री ने जालन्धरनाथ की कुटिया के पास कुआँ की तरह गहरा गड्ढा खुदवाकर, समाधि अवस्था में ही योगी जालन्धरनाथ की रखवा दिया और कूड़े-कचरे तथा घोड़ों की लीद से उसको पटवा दिया। योगी जालन्धरनाथ को अपने ऊपर के घास के गट्ठर के कारण मिट्टी आदि का भार पता ही नहीं चला और वे सॉबर मन्त्रों की सिद्धि हेतु लगे रहे।

इधर गोरखनाथ से अपने गुरु की दुर्दशा सुनकर कानिफानाथ को बहुत दुःख हुआ और वे अपने शिष्यों के साथ हैलापट्टन के राजा गोपीचन्द की राजधानी को गये। राजा गोपीचन्द ने कानिफानाथ का बहुत स्वागत किया और उन्हें राजदरबार में ले आये। किसी योगी का

राजदरबार में आया सुनकर रानी मयनावती भी दरबार में आ गयी। रानी मयनावती ने योगी कानिफानाथ से पूछा कि हे योगीराज बारह वर्ष पूर्व एक योगी जालन्धरनाथ यहाँ आये थे, परन्तु उनका पता नहीं चला वे कहाँ चले गये। उन्होंने हमें दीक्षा देकर अमरत्व भी प्रदान किया था। तब वे बोले, माता वे हमारे भी गुरु हैं, वे अभी भी आपके राज्य की सीमा में ही हैं। आपके बेटे ने ही उन्हें कहीं छुपाया है। अपना भेद खुल जाने पर गोपीचन्द लज्जित हुए और कानिफानाथ के क़दमों में गिर पड़े और क्षमा याचना करने लगे। रानी मयनावती ने भी कानिफानाथ के पैरों पर गिरकर गोपीचन्द को माफ़ करने के लिए निवेदन किया।

कानिफानाथ ने राजा गोपीचन्द के पाँच पुतले बनाये जो कि ताँबा, पीतल, सोना, चाँदी व लोहे के थे। पाँचों पुतलों को उसी स्थान पर रखवा दिया जहाँ जालन्धरनाथ क़ैद थे। फिर शुभ मुहूर्त देखकर कानिफानाथ गोपीचन्द को उस स्थान पर लेकर पहुँच गये। कानिफानाथ ने पहला सोने का पुतला गोपीचन्द से रखवाया और उसके हाथ में कुदाल देकर गड्ढा खुदवाना प्रारम्भ कर दिया और कहा कि—नाम पूछने पर तुरन्त गोपीचन्द कहकर बाहर भाग आना। चिरंजीवी मन्त्र की भस्मी गोपीचन्द के मस्तक पर मल दी। तब राजा ने गड्ढा खोदना शुरू किया। गड्ढे के अन्दर से आवाज़ आयी—इस गड्ढे को खोदने वाला अपना नाम बताये। इसके उत्तर में राजा ने कहा—मैं गोपीचन्द हूँ महाराज! इतना कहकर राजा तीव्र गति से बाहर भाग आया। राजा का नाम सुनते ही जालन्धरनाथ योगी ने क्रोधित होकर कहा गोपीचन्द भस्म हो जा।

श्री आदिनाथ
नवनाथदर्शन

मुँह से यह शब्द निकलते ही सोने का पुतला भस्म हो गया। इसी तरह चारों पुतले योगी के श्राप से भस्म हो गये।

राजा ने पाँचवीं बार गड्ढा खोदना प्रारम्भ किया। पाँचवीं बार गोपीचन्द का नाम सुनकर जालन्धरनाथ सोचने लगे कि—मेरे क्रोध से ब्रह्माण्ड जल कर भस्म हो जाता है पर यह राजा गोपीचन्द अब तक भस्म क्यों नहीं हुआ? बड़े आश्चर्य की बात है। छठी बार गड्ढा खोदने पर गड्ढा खाली हो गया। जालन्धरनाथ ऊपर निगाह करके अभी देख भी नहीं पाये थे कि कानिफानाथ आगे बढ़कर बोले कि गुरु जी की जय हो। यहाँ आपका शिष्य कानिफानाथ आ पहुँचा है। जालन्धरनाथ ने कानिफानाथ को आशीर्वाद देकर अपने

आपको बाहर निकालने की आज्ञा दी। काफ़ी समय तक गड्ढे में रहने के कारण उनके शरीर पर मिट्टी जम गयी थी तथा बड़े-बड़े घाव बन गये थे। तब जालन्धरनाथ ने शाक्रास्त्र मन्त्र का जप करके घाव ठीक कर लिया। कानिफानाथ गड्ढे में कूदकर अपने गुरु से गले मिले और उन्हें बाहर निकाला, जालन्धरनाथ से राजा गोपीचन्द को जीवन दान देने की प्रार्थना की, तब तक गोपीचन्द ने योगी के क़दमों में अपना मस्तक टेक दिया था। जालन्धरनाथ ने गोपीचन्द को आशीर्वाद देकर माफ़ कर दिया। रानी मयनावती ने गोपीचन्द से कहा बेटा जो माँगना हो गुरुदेव से माँग ले। तब राजा गोपीचन्द दोनों हाथ जोड़कर बोले—महाराज! मैं वह पदार्थ नहीं बनना चाहता जो अग्नि लगने से नष्ट हो जाये। इसके बाद गोपीचन्द जालन्धरनाथ के पैरों पर गिर पड़े। जालन्धरनाथ ने उन्हें अमरत्व का वरदान दिया। तब राजा गोपीचन्द दोनों हाथ जोड़कर बोले—महाराज! मुझे आप अपने जैसा ज्ञानी होने का वरदान दें। यह सुनकर जालन्धरनाथ ने राजा गोपीचन्द की पीठ थपथपाकर राजा के वस्त्र उतरवाकर लँगोटी बँधवाई। फिर कानफाड़ कर मुद्रा पहनाई और चोली, चिमटा, कुबड़ी, फावड़ी दे नाथपन्थ में दीक्षित कर लिया। झोली पकड़ाकर सिंघी नाद बजवाया। जालन्धरनाथ ने गोपीचन्द को आज्ञा दी कि तुम पहले राजमहल में सिंघी नाद बजाकर और अपनी पटरानियों को माता कहकर भिक्षा माँगो तथा सबसे भिक्षा प्राप्त करके तप करने निकल जाओ और भरथरी के साथ रहो। गोपीचन्द ऐसा ही करके तप करने लगे।

गुरु जालन्धरनाथ ने गोपीचन्द को बद्रीनाथ जाकर तप करने का आदेश दिया। गोपीचन्द रास्ते में भिक्षाटन करते हुए बद्रीनाथ जा रहे थे। रास्ते में गोपीचन्द को प्यास लगी, प्यास बुझाने के लिए गोपीचन्द गौड़ बंगाल की निरमा नगरी के कुएँ पर गये और दासी से पानी मागा। वहाँ गोपीचन्द के बहनोई राजा हुकुमचन्द्र तथा बहन चम्पावती राज करते थे। अपने साले को भिक्षा माँगता देख राजा ने अपनी रानी को बहुत बुरा-भला कहा। राजा हुकुमचन्द्र, माँ और बहन ने मिलकर गोपीचन्द का अनेक प्रकार से अपमान किया। अपने भाई का अपमान चम्पावती नहीं सह सकीं और छत से कूद कर आत्महत्या कर ली। चम्पावती को जलाने के लिए चिता बनायी गयी परन्तु गोपीचन्द कहने लगे कि मैं अपने गुरु को बुलाकर चम्पावती को जीवित करवा दूँगा। अन्त में जालन्धरनाथ ने सॉबर मन्त्र के प्रयोग से चम्पावती को जीवित कर दिया।

(4)

**एक कथा के अनुसार हाथी के कान से कृष्णपाद पैदा हुए।** एक दन्त कथा के अनुसार ब्रह्माजी को अपनी पुत्री सरस्वती की सुन्दरता देखकर कामविह्वल होकर वीर्यपात हो गया, वह वीर्य हिमालय के वन में स्थित एक हाथी के कान पर पड़ा। इससे प्रबुद्धनारायण का अवतार हुआ। जालन्धरनाथ इस बालक को हाथी के पास से अग्निदेव और शिव के पास लाये। शिवजी ने बालक को आशीर्वाद दिया और जालन्धरनाथ

ने बालक के कान में गुरु मन्त्र देकर अपना शिष्य बना कर बद्रीनाथ में दत्तात्रेय जी के पास ले गये। हाथी के कान से पैदा होने के कारण बालक का नाम कानिफानाथ रखा। बद्रीनाथ में कानिफानाथ सारी विद्याएँ सीखकर पारंगत हो गये। सभी देवताओं को कानिफानाथ ने वस्त्र भेंट करके चरणों में प्रणाम किया। तब सब देवताओं ने कानिफानाथ को आशीर्वाद देते हुए वचन दिया कि हम लोग सदैव आपके साथ रहेंगे। जालन्धरनाथ और कानिफानाथ ने मिलकर बीस लाख श्लोकों का ग्रन्थ तैयार किया। इस रचना से शिव बहुत प्रसन्न हुए। जालन्धरनाथ कानिफानाथ को तप करने हेतु निर्देशित कर यात्रा पर चल दिये।

## (5)

अवन्ती नगरी में विदर्भराज नाम का राजा राज्य करता था। उसकी पुत्री का नाम मदनलेखा था, जो अपूर्व सुन्दरी थी और अपने माता-पिता की अकेली सन्तान थी, राजा को बेटी के विवाह की चिन्ता हुई, तब प्रधान के सुझाव पर राजा ने बेटी को हाथी पर बैठाकर पूरे नगर में घुमाने का निर्णय लिया और कहा कि मेरी बेटी जिसे वरमाला पहना देगी उसी के साथ पुत्री का विवाह कर दिया जायेगा। सहेलियों से मन्त्रणा करके राजकुमारी ने विक्रम के गले में वरमाला डाल दी। राजकुमारी मदनलेखा का विवाह विक्रम के साथ कर दिया गया। विदर्भराज ने अपने दामाद विक्रम को अवन्ती का राज्य सौंप दिया। विक्रम ने अपने

भाई भरथरी* को अपना युवराज बनाया, सुभमती प्रधान ने अपनी पुत्री पिंगला का विवाह धूमधाम से भरथरी के साथ कर दिया। इसके बाद भरथरी ने लगभग बारह विवाह किये परन्तु इनकी पटरानी पिंगला ही थी। कुछ समय पश्चात् विक्रम भर्तृहरि को अपना राज्य सौंप कर ईश्वर के भजन में लग गये। भर्तृहरि राज्य सँभालने के बाद विलासिता में रहने लगे। कालान्तर में भर्तृहरि ने शिकार खेलते हुए एक हरिण का वध कर दिया। हरिणियाँ उनके पीछे लग गयीं। कहा जाता है कि वह हरिण गोरखनाथ का शिष्य था। हरिण का वध होते ही श्री गोरखनाथ जी तोरणमाला पर्वत से नीचे उतरे और भर्तृहरि से कहा कि तुमने मेरे शिष्य का वध क्यों किया। तब भर्तृहरि को अपने अपराध का आभास हुआ और वे श्री गोरखनाथ से उसे जीवित करने को कहने लगे। श्री गोरखनाथ ने थोड़ी-सी धूनी का चूर्ण उस मृत हरिण पर छिड़क दिया। उनके आशीर्वाद और योगशक्ति से उसमें प्राण का संचार हो गया। भर्तृहरि ने श्री गोरखनाथ जी से शिष्य होने की इच्छा प्रकट की। श्री गोरखनाथ जी की प्रेरणा से भर्तृहरि ने रानी पिंगला से कहा कि तुम्हारे पातिव्रत का विश्वास होने पर ही मैं शिष्य बन सकता हूँ। पिंगला ने कहा कि जिसके पति की मृत्यु होने पर पत्नी की मृत्यु हो जाये यही पातिव्रत है। तब भर्तृहरि ने परीक्षा ली। शिकार में गये और ख़ून से कपड़ा रंग कर महल में भेजवा दिया। रानी को विश्वास हो गया कि सिंह ने राजा के शरीर को अपना ग्रास बना लिया है, रानी ने अपने

** भरथरी को अधिकांश कथाओं में विक्रमादित्य का बड़ा भाई बताया गया है। परन्तु इस कथा में उन्हें भर्तृहरि का छोटा भाई कहा गया है।*

प्राणों का त्याग कर दिया। भर्तृहरि के लिए अपनी पटरानी का वियोग असह्य हो गया। वे रात-दिन श्मशान में निवास कर पिंगला का स्मरण करने लगे। महायोगी गोरखनाथ ने योगमाया प्रकट की, अपनी मिट्टी की डिबिया पटक कर रोने लगे, भर्तृहरि ने समझाया कि मिट्टी का पात्र बनवा दूँ। श्री गोरखनाथ ने कहा कि तुम ऐसा नहीं कर सकते, पर मैं

तुम्हारी स्त्री को जीवित अवस्था में तुम्हारे सामने प्रकट कर सकता हूँ। गुरु गोरखनाथ ने अनेक पिंगलाएँ प्रकट कीं। भर्तृहरि ने कहा कि जिस योगविद्या से अनेक पिंगलाएँ प्रकट हो सकती हैं, उसे ही ग्रहण करना श्रेयस्कर है। ऐसा विचार कर भर्तृहरि ने श्री गोरखनाथ से दीक्षा ले ली।

**अमर-फल की घटना निम्नवत है**–एक योगी को घोर तपस्या के फलस्वरूप एक ऐसा फल प्राप्त हुआ, यह कोई साधारण फल नहीं था, एक ऐसा फल था जिसको खा लेने से व्यक्ति अमर हो जायेगा कभी भी कोई नहीं मरेगा और व्यक्ति के यौवन का भी क्षय नहीं होगा, वह सदैव जवान रहेगा। उस योगी ने सोचा कि मैं अमर होकर क्या करूँगा, इसे महाराज भर्तृहरि को दे देता हूँ वे इसे खाकर अमर हो जायेंगे, इससे प्रजा का पालन अच्छे से होगा तथा राज्य भी सुरक्षित रहेगा। यह सोचकर योगी ने वह फल राजा भर्तृहरि को दे दिया। योगी के जाने के बाद राजा भर्तृहरि ने सोचा पिंगला तो मेरे लिए प्राणों से भी प्यारी है यह फल खाकर उसका यौवन बना रहेगा। इसलिए यह फल राजा भर्तृहरि ने अपनी रानी पिंगला को दे दिया। इधर पिंगला फल पाने के बाद सोचने लगी कि अश्वशाला का अध्यक्ष उसे बहुत प्यार करता है और उसकी कामपिपासा को शान्त करता है, इसलिए यदि यह फल उसे दे देगी तो वह सदैव जवान बना रहेगा। रानी ने वह फल अश्वशाला के अध्यक्ष को दे दिया। इधर अश्वशाला का अध्यक्ष एक वेश्या में आसक्त था। उसने उस वेश्या को अमरफल दे दिया। वेश्या ने विचार किया कि मेरा शरीर विषय सुख में आबद्ध है। दूसरे की काम

वासना शान्त करने में मैं आज तक सहायक बनी रही, मेरे अमरफल खा लेने से असंख्य लोग पतित होंगे। इसलिए मैं यह फल प्रजापालक राजा भर्तृहरि को दे देती हूँ। अमरफल खाने के अधिकारी एकमात्र वही हैं। वेश्या ने राजमहल में जाकर वह फल महाराज को दे दिया। राजा भर्तृहरि उस फल को पहचान गये और उन्हें महारानी पिंगला पर बहुत क्रोध आया। वस्तुस्थिति को जानने के लिए उन्होंने अश्वशाला के अध्यक्ष एवं रानी पिंगला को भी दरबार में बुलाया। स्थिति स्पष्ट हो जाने पर उन्हें राज्य प्रासाद के वैभव त्रिशूल समान लगने लगे। शरीर में भयानक वेदना होने लगी। उनके मन में वैराग्य पैदा हो गया। उन्हें लगने लगा कि संसार में कोई भी किसी का नहीं है और अपना राज्य अपने भाई विक्रमादित्य को देकर ख़ुद गुरु श्री गोरखनाथ से दीक्षा लेकर तपस्या करने चले गये। पहले वे पूरे भारत भर में घूमते रहे लेकिन कुछ समय बाद घूमते-घूमते देवास पहुँचे।

महायोगी श्रीगुरु गोरखनाथ से योग दीक्षा प्राप्त करके भर्तृहरि ने सम्पूर्ण भारत का भ्रमण किया। प्रायः इनका निवास स्थान वन-स्थलियों के एकान्त वातावरण में ही हुआ करता था। फिर घूमते हुए यहाँ आ पहुँचे, जहाँ आज देवास नगर बसा है। देवास की 'माता जी की टेकड़ी' (पहाड़ी) उस समय घने जंगलों में स्थित थी, जिसमें भाँति-भाँति के हिंसक पशु विहार करते थे, लोग डर कर उधर नहीं जाते थे। एक दिन भर्तृहरि घूमते-भटकते चामुण्डा माता जी की टेकड़ी के पास तक आ पहुँचे। उस समय टेकड़ी के ऊपर जाने का कोई मार्ग नहीं था।

चारों तरफ़ घने जंगल विद्यमान थे। भर्तृहरि को टेकड़ी के नीचे पानी का एक झरना दिखाई दिया। उन्होंने प्यास बुझाई तथा एक वृक्ष के नीचे बैठ गये। तभी भर्तृहरि की नज़र एक वृक्ष के नीचे खड़े एक बड़े मोटे बन्दर पर पड़ी जो उन्हीं की ओर देख रहा था। पता नहीं कौन से आकर्षण से खिंचे भर्तृहरि भी उस बन्दर की ओर देखने लगे। काफ़ी देर तक दोनों मन्त्रमुग्ध बने, एक-दूसरे की ओर देखते रहे। जब बन्दर वहाँ से चला तो न जाने किस शक्ति ने भर्तृहरि को भी उस बन्दर के पीछे-पीछे जाने पर विवश कर दिया। ऊपर जाने का कोई मार्ग तो था नहीं। बन्दर तो वृक्षों की शाखाओं पर छलाँगें लगाता हुआ ऊपर चला गया किन्तु भर्तृहरि को ऊपर जाने में काफ़ी कठिनाई आ रही थी। बन्दर थोड़ा चढ़कर ठहर जाता तथा भर्तृहरि की प्रतीक्षा करता। भर्तृहरि वृक्षों को पकड़-पकड़ कर किसी तरह से चढ़ते गये। चोटी पर पहुँचकर बन्दर भर्तृहरि को एक गुफा में ले गया जहाँ शिला पर चामुण्डा माता की एक प्रतिमा उभरी थी। भर्तृहरि को वहीं छोड़कर बन्दर अदृश्य हो गया। टेकड़ी (पहाड़ी) की चोटी पर पहुँचकर भर्तृहरि को अपार शान्ति का अनुभव हुआ। उन्हें शक्ति की सूक्ष्म तरंगें शरीर में प्रवेश करती सी लग रही थीं। मन में अलौकिक आनन्द की प्रतीति होने लगी। अन्तरानुभूतियाँ आरम्भ हो गयीं। जैसे कि कोई बालक माता की गोद में आकर आनन्द की अनुभूति करता है, वैसे ही आनन्द की अनुभूति भर्तृहरि को हुई।

शाम हो गयी थी। टेकड़ी एकदम सुनसान लग रही थी। हवा के कारण वृक्षों के पत्ते हिलने के अतिरिक्त कोई आवाज़ नहीं आ रही थी। बीच-बीच में जंगली जानवरों की आवाज़ें ही वातावरण में गूँज रही थीं। भर्तृहरि को भूख लग गयी थी, परन्तु उनका मन यहाँ से जाने को नहीं हो रहा था। दूर-दूर तक कोई गाँव नहीं दिख रहा था। उन्होंने रात भूखे-प्यासे माता की गुफा में व्यतीत की। सारी रात ध्यान में ही बैठे रहे। इस दिन उनका साधना में ऐसा मन तल्लीन हुआ कि भूख-प्यास की ओर ध्यान ही नहीं गया। प्रातःकाल हुआ तो भर्तृहरि गुफा से बाहर निकले।

थोड़ी ही दूरी पर उन्हें पानी का एक चश्मा दिखाई दे गया। नित्यकर्म से निवृत्त होकर उन्होंने स्नान किया। देखा तो वृक्षों पर भाँति-भाँति के फल लटक रहे थे। उन्होंने क्षुधा शान्त की।

साधकों को तीन चीज़ों की आवश्यकता होती है—जंगल या एकान्त, जल और आहार। भर्तृहरि को यह तीनों सामग्री प्रचुर मात्रा में उपलब्ध हो गयी थी, अतः यह स्थान उनके मनोनुकूल हो गया। वह पुनः गुफा में लौट कर साधना में बैठने का प्रयत्न कर ही रहे थे कि उधर से एक महात्मा प्रकट हो गये तथा बोले, "तुम कौन हो तथा यहाँ क्या कर रहे हो।" भर्तृहरि ने प्रणाम करने के पश्चात् पहले अपना परिचय दिया फिर कहा, मुझे नहीं पता कि मैं यहाँ कैसे आ गया। यहाँ बहुत अच्छा लग रहा है। मन होता है कि यहीं रहकर ध्यान-भजन करूँ। उन महात्मा ने कहा कि मैं रात को भी यहाँ आया था। उस समय तुम ध्यान में थे। मैंने ध्यान में विघ्न डालना उचित नहीं समझा, अतः माता जी के दर्शन कर वापस चला गया। तुम्हारा यहाँ भजन करने का विचार बड़ा शुभ है। पानी की भगवान ने व्यवस्था कर रखी है। वृक्षों पर जंगली फल लदे हैं। हिंसक पशु नीचे ही रहते हैं, टेकड़ी पर नहीं आते, इसलिए तुम्हें डरने की आवश्यकता नहीं। यहाँ केवल साँप तथा बन्दरों का ही आना-जाना है। साँपों से यदि तुम नहीं डरोगे तो वह तुम्हें कुछ भी नहीं कहेंगे। सबसे बढ़कर माता जी की चेतन उपस्थिति यहाँ उपलब्ध है। महात्मा की यह बातें सुनकर भर्तृहरि ने कहा कि मैं आपका बहुत आभारी हूँ कि आप ने दर्शन दिया तथा मेरा उत्साह बढ़ाया। क्या मैं आपका परिचय जान सकता हूँ। उन महात्मा जी ने कहा कि मैं सामने की पहाड़ी पर

अदृश्य रूप में निवास करते हुए साधना करता हूँ। यहाँ माता जी का दर्शन करने आता रहता हूँ। तब भर्तृहरि ने पूछा क्या आपकी तरह के और भी महात्मा हैं? महात्मा ने कहा हाँ हैं, कुछ तो ऐसे हैं जो न जाने कब से समाधि में बैठे हैं। इतना कहकर वे महात्मा अदृश्य हो गये।

भर्तृहरि माता जी की गुफा में ही रहने लगे। रात को अधिकांश समय साधनारत रहते, नींद आती तो सिरहाने एक पत्थर रखकर सो जाते थे। उनके पास सामान के नाम पर शरीर पर स्थित एकमात्र कौपीन (लँगोटी) ही थी। उन्हें माता जी का सान्निध्य तथा अदृश्य महापुरुषों का दर्शन प्राप्त हो रहा था। भर्तृहरि के आस-पास छोटे-बड़े, कई रंगों के साँप घूमा करते थे, किन्तु वे उनसे कभी भी भयभीत नहीं हुए। उन्हें साँपों में भी माता जी के ही दर्शन होते थे।

भर्तृहरि के टेकड़ी पर साधना करने की बात फैलते-फैलते महाराजा विक्रमादित्य तक पहुँच गयी। माता जी के सामने जो दीप स्तम्भ है, उसे महाराजा विक्रमादित्य ने ही बनवाया था।

एक दिन भर्तृहरि माता जी की गुफा के बाहर एक पत्थर पर अपना सिर रखे, कौपीन लगाये लेटे थे। आज उनके मन में पूर्व स्मृतियों का तूफ़ान उठ रहा है। उन्हें अपनी तीसरी पत्नी पिंगला की याद आ रही है। उनके कुकर्मों की याद कर, वह दुख का अनुभव कर रहे हैं। वह सोच रहे हैं, मैंने अपने भाई विक्रमादित्य की बात नहीं मानी और पिंगला पर विश्वास बनाये रखा। अपने भाई को ही देशनिकाला दे दिया। हे पिंगला! मैं नित्य तेरा ही चिन्तन किया करता था किन्तु तू मुझसे विरक्त रह कर किसी पर-पुरुष की कामना करती रही। तेरा प्रियतम वह अन्य

पुरुष भी अन्य किसी स्त्री के प्रेम-पाश में जकड़ा था, हमारे लिए कोई अन्य स्त्री प्राण न्योछावर करने के लिए तत्पर थी। अतः अन्य पर-पुरुष के प्रेम में जकड़ी अपनी स्त्री को धिक्कार है, उस अन्य पुरुष को जिसे वह चाहती थी, धिक्कार है। उस अन्य स्त्री को जो मुझे चाहती थी धिक्कार है तथा उस कामदेव को, जिसका यह प्रपंच है, धिक्कार है।

भर्तृहरि के विचार-प्रवाह ने पलटा खाया। पिंगला के प्रति कृतज्ञता का भाव प्रकट हो गया। हे पिंगला! इस समय मैं जो आनन्दमय जीवन व्यतीत कर रहा हूँ उसका कारण तू ही है अन्यथा मैं तो विषय-वासना में पूरी तरह डूब रहा था। तेरा विश्वासघात मुझ पर कृपा की वर्षा की भाँति बरसा और मैं बन्धन तोड़ सका। हे पिंगला! तू मेरे लिए अभिशाप नहीं, वरदान बनकर, मेरे जीवन में प्रकट हुई। तुम्हारी जय हो।

भर्तृहरि के मन में विचारों का ज्वार-भाटा उठ रहा था। वैसे तो मन में भक्ति-शक्ति की कृपा तथा क्रियाशीलता से बहुत कुछ कुसंस्कार हट चुके थे किन्तु जो शेष बचे थे, वे उपद्रव कर रहे थे। भर्तृहरि जन्म-जन्मान्तर के योगी थे। कई प्रकार के उतार-चढ़ाव सहन करते आ रहे थे। अब की बार प्रारब्ध वशात् पिंगला के फेरे में आ गये थे। अब पश्चात्ताप की तीव्र ज्वाला में उनके पिंगला-सम्बन्धी संस्कार क्षीण होते जा रहे थे। वह इन्हीं विचारों में डूबे थे कि एक महापुरुष प्रकट हो गये। महापुरुष ने कहा भर्तृहरि मनुष्य को सबसे अधिक परेशान पूर्व स्मृतियाँ ही करती हैं, रुलाती और नचाती हैं। तुम भी कोई इसके अपवाद नहीं हो, चिन्ता मत करो।

पूर्व स्मृतियों की यह तुम्हारी अन्तिम खेप है। इससे आगे तुम्हारा मार्ग समतल है सरपट भागते जाओगे। तुम कई जन्मों से साधन-पथ

पर आरूढ़ हो। कई बार गिरे हो, कई बार उठे हो। पिंगला का तुम्हारा प्रथम अनुभव नहीं है। पिंगला भी कई जन्मों की योगिनी है। अध्यात्म की कठिन चढ़ाई चढ़ते हुए कौन नहीं फिसला, तुम भी, पिंगला भी। इसलिए पिंगला के प्रति घृणा और क्रोध को त्याग दो, अन्यथा इसके संस्कार भविष्य में तुम्हें परेशान कर सकते हैं।

महाराज! उस समय मैं राजा था। राज्य की सारी सत्ता मेरे हाथों में केन्द्रित थी। यदि चाहता तो पिंगला की खाल खिंचवा देता, अस्तबल के जिस दारोगा को वह चाहती थी, उसे सूली पर चढ़वा देता। किन्तु व्यक्तिगत रूप में मुझे उन पर क्रोध नहीं आया। पूर्व जन्म के किसी शुभ संस्कार ने विवेक को जाग्रत कर संसार की यथार्थता मेरे समक्ष प्रकट कर दी। जब संसार का अस्तित्व ही अभिमान, स्वार्थ एवं विषय-लोलुपता पर टिका है तो उससे सुख की आशा करना मूर्खता है। फिर भी यदि आपने मुझे सचेत किया है तो मेरे मन में अवश्य ही कहीं-न-कहीं पिंगला के लिए द्वेष का भाव छिपा होगा। भविष्य में मैं सावधान रहूँगा।

इतना कहकर महापुरुष अदृश्य हो गये किन्तु इससे भर्तृहरि का मन काफ़ी हल्का हो गया। पिंगला के लिए क्रोध के स्थान पर दया का भाव उदय हो आया। उन्हें समझ आ गयी कि तप क्या है? जो संस्कारों-वासनाओं को तपा कर भस्म कर दे, वही तप है। माँ की क्रियाशीलता का स्थिर द्रष्टा रहकर अवलोकन करते रहना ही तप है। माँ की क्रियाशीलता ही अन्तरायों को तपाती है। वह इतना विचार कर ही रहे थे कि पुनः एक अन्य महापुरुष प्रकट हो गये। भर्तृहरि ने महापुरुष को प्रणाम किया।

महापुरुष—भर्तृहरि! कैसे हो? क्या साधनो में मन लग रहा है?

भर्तृहरि—जब आप जैसे महापुरुषों का आशीर्वाद प्राप्त है तो साधना में मन लगेगा ही। भगवान शंकर तथा भगवती अम्बा की महान कृपा है।

महापुरुष—भगवती की इस टेकड़ी को साधन-शिखर समझो। जिसका आश्रय लेकर हमारे जैसे अनेकानेक साधक, इसके आस-पास साधना में तल्लीन हैं। हम सब अदृश्य अवस्था में रहते हैं तथा माता जी के दर्शन करने यहाँ आते रहते हैं। तुमने केवल उन्हें ही देखा है जो तुम्हारे सामने प्रकट होते हैं। कई साधक अदृश्य अवस्था में ही, बिना प्रकट हुए दर्शन कर के चले जाते हैं, जिनका तुम्हें पता भी नहीं चल पाता। चामुण्डा माता सर्वत्र व्यापक है किन्तु यहाँ उनकी शक्ति प्रत्यक्ष अनुभव होती है तथा साधकों पर कृपा करती है। जो सकाम उपासक उनसे जगत् की कामना करते हैं, उन्हें टुकड़ा डाल देती हैं किन्तु उसकी कृपा का वास्तविक आनन्द तथा लाभ वही साधक उठा पाते हैं जो अपने आपको माता के चरणों में समर्पित कर देते हैं। माता अपने भक्तों को साधन का अवसर प्रदान करने के लिए ही सृष्टि की रचना करती है। तुम सौभाग्यशाली हो, जो यहाँ माता जी का आश्रय लिए पड़े हो।

भर्तृहरि—किन्तु इस साधना-शिखर पर कोई साधक तो दिखाई देता नहीं। एक मैं ही यहाँ हूँ।

महापुरुष—हम लोग आस-पास जितने भी साधक फैले हैं, वे सब इसी साधना-शिखर का आश्रय लेकर ही यहाँ हैं। सबका केन्द्र-बिन्दु यही टेकड़ी है। यदि टेकड़ी पर रहकर ही साधना करने की बात करो

तो यहाँ भी अदृश्य रूप में कुछ साधक समाधिरत हैं जो तुम्हें दिखाई नहीं देते। अब तुम यहाँ आ गये हो, तो एक प्रकट साधक भी यहाँ उपस्थित हो गया है।

इतनी वार्ता करके महापुरुष तो अदृश्य हो गये।

भर्तृहरि की प्रसिद्ध रचना वाक्यपदीय, शृंगार शतक, नीति शतक तथा वैराग्य शतक आदि हैं। भट्टिकाव्य भी भर्तृहरि की रचना है। चीनी यात्री इत्सिंग ने अपने यात्रा-वृत्तान्त में लिखा है कि प्रसिद्ध कवि एवं दार्शनिक भर्तृहरि कृत भर्तृहरिशास्त्र, पातंजलि भाष्य की टीका तथा वाक्यपदीय नालन्दा में पढ़ाया जाता था। गोरखसिद्धान्त संग्रह में भर्तृहरि और शेषावतार नागेश का संवाद वर्णित है। उल्लेख है कि योगीराज भर्तृहरि ने, जो विचारनाथ के नाम से प्रसिद्ध हैं, व्याकरण शास्त्र पर एक लाख कारिकाओं (सूत्रों) की रचना की। इस प्रकार से भर्तृहरि की अनेक कृतियाँ हैं जिनमें से कुछ उपलब्ध भी हैं।

## (6)

नागनाथ के जीवन चरित्र की कथा लोक में प्रचलित है। कहा जाता है कि सरस्वती के रूप सौन्दर्य पर मोहित होने पर ब्रह्मा का वीर्य स्खलित हुआ और उसका एक भाग तक्षक नाग की कन्या पद्मिनी के मस्तक पर गिरा, उसने उस वीर्य को चाट लिया, जिससे नागिन गर्भिणी हो गयी। तब इस गर्भ में नारायणों में से एक नारायण अविर्होत्र नारायण ने प्रवेश किया। उसी समय राजा जनमेजय सर्प यज्ञ कर रहे थे,

जिसमें सर्पों की आहुति दी जा रही थी। कहीं नागिन भी उस यज्ञ का शिकार न हो जाय यह सोचकर आस्तिक ऋषि ने उसे एक बरगद के

पेड़ के खोखल में छिपा दिया और मन्त्र के द्वारा उसकी सुरक्षा की व्यवस्था करके ऋषि हस्तिनापुर में जनमेजय के यज्ञ में सम्मिलित हुए। यज्ञ सम्पन्न हो जाने के पश्चात् नागिन ने एक अण्डा दिया और उस अण्डे से एक तेजस्वी बालक पैदा हुआ। कोशधर्म नामक निर्धन ब्राह्मण, जो उसी पेड़ के पत्तों से अपना जीविकोपार्जन करता था, भविष्यवाणी सुनकर उस पेड़ के खोखल से बालक को निकाला और अपनी पत्नी सुरादेवी को उसे पालन-पोषण के लिए दे दिया। आकाशवाणी के आदेशानुसार उस बच्चे का नाम वट सिद्ध नागनाथ रखा। ब्राह्मण की दरिद्रता उस बालक के घर में आ जाने से दूर हो गयी। सात साल का हो जाने पर बालक का यज्ञोपवीत संस्कार करके विद्या अध्ययन में लगा दिया गया।

एक बार काशीविश्वनाथ मन्दिर के पास गंगा तट पर कुछ बालकों के साथ क्रीडा करते समय नागनाथ को दत्तात्रेय जी का अनुग्रह प्राप्त हुआ। दत्तात्रेय ने खेल-खेल में यह बताया कि वह जो भी इच्छा करेगा, वह वस्तु उसे प्राप्त हो जायेगी। इसका प्रयोग करके बालक नागनाथ अपने साथियों के लिए अच्छे-अच्छे भोजन एवं पकवान मँगवाकर खिलाता रहता, एक दिन देख लेने पर इन्होंने अपने माता-पिता को भी उसी तरह से भोजन कराये। इस प्रकार के अनेक चमत्कारों से उनके माता-पिता को यह विश्वास हो गया कि यह बालक कोई महापुरुष है। बालक से पूछने पर वह बताया कि यह दत्तात्रेय जी की कृपा का फल है। यह सुनकर ब्राह्मण ने बताया कि दत्तात्रेय जी का दर्शन होना बहुत कठिन है, यह अनेक जन्मों के पुण्य से ही प्राप्त होता है।

यह सुनकर बालक नागनाथ घर त्यागकर दत्तात्रेय जी को ढूँढ़ने निकल पड़े। ढूँढ़ते-ढूँढ़ते वे महाराष्ट्र के कोल्हापुर नामक स्थान में स्थित एक मन्दिर में भिक्षुक रूप में दत्तात्रेय जी का दर्शन प्राप्त किये। दत्तात्रेय ने बालक की इतनी अधिक भक्ति देखकर उसे हृदय से लगा लिया और उसके सिर पर हाथ फेरकर उसे मन्त्रोपदेश देकर, आत्मज्ञानी बना दिया। तत्पश्चात् दत्तात्रेय जी और नागनाथ काशी के लिए रवाना हुए। काशी में दत्तात्रेय ने बालक नागनाथ को शिव का दर्शन कराया। शिव ने नागनाथ को दीक्षा देकर नाथपन्थ में दाखिल होने को कहा। दत्तात्रेय जी ने नागनाथ को छह महीने तक काशी में रखकर सारी विद्याएँ, चौंसठ कलाएँ तथा सारी साधनाएँ सिद्ध कराईं। इसके पश्चात् दत्तात्रेय जी ने नागनाथ को बद्रिकाश्राम ले जाकर तपस्या करने के लिए बैठाया। यहाँ नागनाथ ने बारह वर्ष तक तप करके सभी देवताओं से वरदान प्राप्त किया। कालान्तर में दत्तात्रेय जी का आशीर्वाद प्राप्त करके, तीर्थयात्रा पर निकल पड़े।

तीर्थयात्रा करते हुए नागनाथ वालेघाट के जंगल में रहकर नाथयोग साधना में प्रवृत्त हुए। यहाँ पर उनके अनेक शिष्य हुए और शिष्यों ने एक योगमठ स्थापित किया। उसी समय भ्रमण करते हुए योगेश्वर मत्स्येन्द्रनाथ बड़वाल ग्राम आये और उन्हें नाथयोग सिद्धान्तों को बताया। अपनी कृपा से नागनाथ का साधनामय जीवन कृतार्थ किया। यहाँ तप करते हुए नागनाथ ने अनेक सिद्धियाँ प्राप्त कीं। यहीं पर इन्होंने संजीवनी विद्या प्राप्त की और अपनी शिष्य की पत्नी को, जो कि मृत हो गयी थी, जीवित कर दिया।

देवास की टेकड़ी पर माता जी का स्थल देखकर नागनाथ मन्त्रमुग्ध हो गये। उन्हें वन प्रदेश की रमणीयता के साथ वहाँ माता जी की सूक्ष्म अलौकिक तरंगों के अतिरिक्त भर्तृहरि की आध्यात्मिक तरंगें भी अनुभव हो रही थीं। स्वामी विष्णुतीर्थ महाराज जी ने कहा कि योगी नागनाथ अत्यन्त उच्च कोटि के साधक थे। सिद्धियों के स्वामी, किन्तु उन सिद्धियों का अभिमान बिल्कुल नहीं। ऐसा कहा जाता है कि नागनाथ जी रात को दो बजे नित्य प्रति गंगा-स्नान के लिए जाया करते थे, अतः उन्हें किसी ने कभी स्नान करते नहीं देखा। उनकी गिनती नौ-नाथों में शुमार है।

किसी समय इनकी तपःस्थली ज्वालामुखी (हिमाचल प्रदेश) रही है, जिससे ज्ञात होता है कि ये माता जी के अनन्य भक्त थे। इस कारण भी जब ये माता चामुण्डा जी की टेकड़ी पर आये तो यह स्थान एकदम इनके मन को भा गया।

योगी नागनाथ ने जब माता जी की टेकड़ी के दर्शन किये, उसी समय उन्होंने अपना मन बना लिया कि कुछ समय यहाँ रहकर साधनारत रहा जाये। माता जी की गुफा के सामने वाला स्थान, जहाँ भर्तृहरि प्रायः बैठा करते थे, अपनी कुटिया के लिए पसन्द कर लिया। कुटिया क्या थी? पत्तों से ढँकी हुई एक मड़ैया। उनके साथ आये शिष्यों ने भी अपने-अपने लिए स्थान चुन लिया। किसी ने किसी गुफा में आसन जमा लिया, किसी ने किसी बड़े पत्थर की ओट का सहारा ले लिया, तो किसी ने छोटी-सी मड़ैया छा ली। इस तरह यह साधना-शिखर एक आश्रम का रूप ग्रहण कर गया।

एक बार नागनाथ जी ध्यान के उपरान्त अपनी कुटिया से बाहर निकले ही थे कि सामने भगवान दत्तात्रेय जी को खड़े पाया। देखकर वह हड़बड़ा से गये। साष्टांग प्रणाम किया और बोले, “आपने बड़ी कृपा की जो इस दास की कुटिया पर पधारे, मेरा धन्य भाग्य है।”

दत्तात्रेय—“नागनाथ जी! आप में और मुझमें कोई अन्तर नहीं। हम ने भी जीवन से त्याग और तपस्या को अपनाया और आप भी उसी मार्ग पर अग्रसर हैं। धन्य वही है जिसने साधनामय जीवन लक्ष्य बना लिया है।

हमें लोग अवधूत कहते हैं क्योंकि हमने विकारों तथा आशक्ति का त्याग कर दिया है। आपको लोग अवधूत के रूप में नहीं पहचानते किन्तु मेरी दृष्टि में तुम भी अवधूत से कम नहीं हो। आशारूपी पाश से मुक्त हो, आद्योपान्त निर्मल हो, परमात्म तत्त्व के पूर्ण ज्ञाता हो, विषयों-वासनाओं के त्यक्त हो। तुम्हारे शरीर पर चाहे धूल जमी हो किन्तु तुम्हारा अन्तःकरण अत्यन्त निर्मल है। यह सब तुम पर भगवान की कृपा का ही परिणाम है। तुम्हारे जैसे साधना-सम्पन्न लोगों को देख कर प्रसन्नता होती है।"

दत्तात्रेय जी ने भगवती चामुण्डा को साष्टांग प्रणाम किया और अदृश्य हो गये।

योगी नागनाथ की योग दीक्षा योगी मत्स्येन्द्रनाथ जी द्वारा सम्पन्न हुई थी। योगी नागनाथ पहले बद्रिकाश्रम में साधनारत रहे एवं तत्पश्चात् हिमाचल प्रदेश में ज्वालामुखी मन्दिर के समीप घने वन में आसन जमाया। इससे भगवती शक्ति के प्रति उनकी अगाध श्रद्धा प्रकट होती है। यही श्रद्धा उन्हें भगवती चामुण्डा की टेकड़ी पर अपना आसन लगाने का कारण बनी।

एक दिन योगी जी अपनी कुटिया में विचारमग्न बैठे थे कि सहसा गुरुदेव मत्स्येन्द्रनाथ जी के स्मरण से मन तरंगित हो उठा। गुरु-दर्शन की उत्कट अभिलाषा बलवती हो उठी। वह पुकारने लगे, “हे गुरुदेव! वैसे तो आप सर्वव्यापक हैं और प्रतिक्षण हृदय पटल पर छाये रहते हैं। कितना लम्बा समय हो गया है किन्तु आपका दर्शन-लाभ नहीं मिला। आपके आशीर्वाद से मुझे साधना का भरपूर आनन्द प्राप्त है किन्तु गुरु-दर्शन का आनन्द किसी भी अन्य आनन्द से बढ़कर है। हे प्रभु! मुझ पर कृपा करो, मुझे दर्शन दो।” फिर योगी नागनाथ ने ध्यान लगा कर देखा कि गुरुदेव इस समय कहाँ हैं? तो ज्ञात हुआ कि सम्प्रति लंका में विराजमान हैं। योगी नागनाथ ने कहा, “आप सर्वसमर्थ हैं। दूर या समीप आपके लिए एक समान है। आप कण-कण वासी हैं। कभी भी, कहीं भी प्रकट हो सकते हैं।”

योगी मत्स्येन्द्रनाथ जी ने योगी नागनाथ की पुकार सुन ली एवं तत्काल प्रकट हो गये। उस समय का योगी नागनाथ का हर्ष अकथनीय है। उन्होंने अपना मस्तक श्री गुरु चरणों में रख दिया तथा निवेदन किया,

"आपकी महान अनुकम्पा है जो इस दास को दर्शन दिये। मैं कृत्कृत्य हो गया।"

योगी मत्स्येन्द्रनाथ—मैं तुम्हारे बारे में ही विचार कर रहा था कि इतने में तुम्हारी पुकार सुनाई दी। मत्स्य प्रदेश में एक राजा की मृत्यु हो गयी है। वह राजा बड़ा धर्मपरायण, आचारवान् एवं प्रजापालक था। उसके उत्तराधिकारियों में कोई इस योग्य नहीं कि उसका स्थान ग्रहण कर सके। जब तक अन्य कोई व्यवस्था नहीं हो जाती, तब तक उस राजा का जीवित रहना अत्यन्त आवश्यक है। हमें यह प्रेरणा इसलिए प्राप्त हुई क्योंकि वह राजा हमारा शिष्य था, हमारे ऊपर उसकी अतीव श्रद्धा थी। इसलिए तुम सूक्ष्म शरीर से उसके मृत स्थूल शरीर में प्रवेश कर जाओ तथा तब तक वहाँ रहो जब तक हम तुम्हें नहीं कहें। यहाँ तुम्हारे शिष्य तुम्हारे शरीर की रक्षा करते रहेंगे। बीच-बीच में जब राजा सोया हो तो तुम उसका स्थूल शरीर अस्थायी रूप में त्याग कर, कुछ समय के लिए चामुण्डा माता जी की टेकड़ी पर आ सकते हो।

योगी नागनाथ—मेरा सौभाग्य है जो आपने मुझे इस सेवा के योग्य समझा। मेरे शिष्यों को इस बात का पता भी नहीं चलेगा कि स्थूल देह का त्याग कर, अन्यत्र किसी मृतक शरीर में प्रवेश कर गया हूँ। वह यही समझते रहेंगे कि मैं समाधि अवस्था में हूँ। आपके आदेश का पालन करके पुनः अपने स्थूल शरीर में लौट आऊँगा।

इसके पश्चात् गुरुदेव अदृश्य हो गये तथा योगी नागनाथ ने शिष्यों को बुलाकर कहा, "हम लम्बे समय तक ध्यान की अवस्था में जा रहे हैं। आप लोग चिन्ता नहीं करना तथा हमारे शरीर का ध्यान रखना।

कुछ पता नहीं कब तक हम ध्यान में रहेंगे। यह अवधि कई वर्षों की भी हो सकती है।" योगी जी ने कुटिया का द्वार बन्द कर लिया तथा ध्यान में चले गये। स्थूल शरीर से सूक्ष्म शरीर को पृथक् कर लिया एवं राजा की मृतक देह में प्रविष्ट हो गये।

योगी नागनाथ मृतक राजा के स्थूल-देह में प्रविष्ट हुए तो वह जीवित की भाँति उठ खड़ा हुआ। साँस चलने लगी तथा रक्त-प्रवाह आरम्भ हो गया। राजा के सगे-सम्बन्धी एवं प्रजाजन प्रसन्न हो गये। राजा अपने नित्य प्रति के उत्तरदायित्वों के निर्वाह में जुट गया। बीच-बीच में जब राजा सोया होता तो योगी नागनाथ, उसके भौतिक देह का त्याग कर, चामुण्डा माता की टेकड़ी पर रखे अपने स्थूल शरीर को क्रियाशील कर देते थे। वह अपने शिष्यों को जगा-बुला कर एकत्रित कर लेते तथा उन के साथ सतसंग करते, उनकी शंकाओं का निवारण करते तथा उन्हें मार्ग-दर्शन प्रदान कर राजा की देह में लौट जाते थे।

एक दिन मत्स्येन्द्रनाथ प्रकट हुए और कहने लगे। तुम्हें ज्ञात ही है कि राजा नवीन चन्द्र का योग्य उत्तराधिकारी अब तैयार है। यह राजकाज उसे सौंप कर अब तुम राजा की स्थूल देह का त्याग कर सकते हो। इतने दिनों तक तुमने अपने कर्तव्य का पालन किया। अब तुम उधर से स्वतन्त्र हो।

योगी नागनाथ—आपने मुझे सेवा के योग्य समझा यह आपकी कृपा है। मैं तो श्री चरणों का अकिंचन दास हूँ। मैं आशा करता हूँ कि भविष्य में भी आप मुझसे सेवा लेने की कृपा करते रहेंगे।

योगी मत्स्येन्द्रनाथ—जिस समय जैसा उपयुक्त होगा तथा भगवान जैसी प्रेरणा देते रहेंगे, वैसा होता रहेगा। तुम जानते ही हो कि योगी के सभी कर्म भगवान की सेवा की इच्छानुसार घटित होते हैं। तुम इस समय जो कुछ भी कर रहे हो, सब हमारी सेवा ही है। न कोई स्वार्थ तुम्हें है, न मुझे। स्वार्थ संसारियों का काम है, योगियों का नहीं।

पुनः कहा—यह मत समझ लेना कि मुझे तुम्हारा ध्यान नहीं। मैं तुम्हारी प्रत्येक क्रिया पर दृष्टि रखता हूँ और समय-समय पर तुम्हारा मार्ग-दर्शन करता हूँ। मुझे सन्तोष है कि तुम साधन-पथ पर ठीक चल रहे हो।

योगी नागनाथ—गुरुदेव! फिर कब दर्शन-लाभ होगा?

योगी मत्स्येन्द्रनाथ—अभी तुम जाकर अपने उत्तरदायित्व से मुक्त होकर आ जाओ। तब मैं फिर आऊँगा और आगे की बात करूँगा।

योगी नागनाथ ने मत्स्यदेश वापिस जा कर अपने उत्तरदायित्व का निर्वाह किया तथा राजा के स्थूल शरीर से अपना सूक्ष्म शरीर पृथक् कर लिया जिससे राजा की मृत्यु हो गयी। योगी नागनाथ चामुण्डा माता की टेकड़ी पर लौट आये तथा पूर्ववत् अपनी कुटिया में ध्यान तथा अपने शिष्यों के साथ सतसंग करने लगे।

एक दिन गुरुदेव योगी मत्स्येन्द्रनाथ पुनः प्रकट हो गये।

योगी मत्स्येन्द्रनाथ—एक काम तो पूर्ण हुआ। अब हम तुम्हें वास्तविक निवृत्ति का आनन्द लेने का अवसर प्रदान करते हैं। जब तक दृश्य सन्मुख है, द्वैत है, तब तक संसार से पूर्ण निवृत्ति नहीं। इसके लिए जगत् का विलीनीकरण आवश्यक है। यह निर्विकल्प समाधि में ही सम्भव है।

कैवल्य अवस्था में ही इस आनन्द की प्राप्ति हो सकती है। अतः तुम दीर्घ काल के लिए समाधि कर लो, इस हेतु हम तुम्हें अदृश्य होने की शक्ति प्रदान करते हैं, ताकि तुम संसार से निर्विघ्न, आनन्द की अवस्था में स्थित रहो।

इतना कहकर योगी मत्स्येन्द्रनाथ ने पहले तो अपनी आँखें बन्द कर लीं। जब आँखें खुलीं तो उनमें विचित्र प्रकार का दिव्य तेज प्रकाशित था। उन्होंने दृष्टि गाड़ कर योगी नागनाथ की ओर देखा। योगी नागनाथ को अपने अन्तस् में कुछ प्रविष्ट होता अनुभव हुआ। योगी मत्स्येन्द्रनाथ ने कहा कि अब तुम केवल संकल्प करने मात्र से, अदृश्य होने की शक्ति से सम्पन्न हो गये। अदृश्य होकर अपने आपको कहीं भी, अथवा अधर में स्थिर कर लेना तथा समाधिस्थ हो जाना।

योगी नागनाथ—गुरुदेव! आपकी अपार अनुकम्पा है। अब कृपया यह बतलाने का कष्ट करें कि कौन-से स्थान पर समाधि लगाना उचित रहेगा?

योगी मत्स्येन्द्रनाथ—वैसे तो किसी भी स्थान पर समाधि लगा सकते हो। कैवल्यावस्था में जगत् का भाव तथा अभाव दोनों विलीन हो जाते हैं, इसलिए जगत् का महत्त्व भी समाप्त हो जाता है। फिर भी तुम पूछते हो तो यहीं चामुण्डा माता जी की टेकड़ी ही ठीक है। यहाँ माता जी का प्रभाव भी प्रत्यक्ष-प्रकट है, साधना-स्थली है। अतः यही स्थान उत्तम है।

इतना कहकर योगी मत्स्येन्द्रनाथ तो अदृश्य हो गये तथा योगी नागनाथ सोच में डूब गये। कैवल्य समाधि की अवस्था का आनन्द वे अनेक बार लूट चुके थे किन्तु अब की बार समाधि दीर्घ काल के

लिए थी, सम्भवतः हज़ारों वर्षों की, साथ ही अधर में भी, तथा अदृश्य अवस्था में। इन विचारों से योगी नागनाथ रोमांचित हो उठे तथा यह विचार करते-करते निद्रा में निमग्न हो गये।

योगी नागनाथ ने प्रातःकाल सभी शिष्यों को एकत्रित किया और इस प्रकार कहने लगे—

रात को गुरुदेव योगी मत्स्येन्द्रनाथ जी ने दर्शन दिये। काफ़ी लम्बी चर्चा हुई। उन्होंने दीर्घ काल के लिए समाधि में, वह भी अदृश्य अवस्था में जाने का आदेश दिया। उन्होंने यह आदेश क्यों दिया, यह गुरुदेव ही जानते हैं क्यों और कैसे, शिष्य का कर्तव्य नहीं। गुरु आदेश का पालन ही शिष्य के लिए करणीय है। इसलिए अब हम दीर्घकाल के लिए समाधि-अवस्था में रहेंगे, सम्भवतः हज़ारों वर्षों के लिए।

समाधि पर्याप्त लम्बी होगी इसलिए आप लोग कहीं भी जाने के लिए मेरी ओर से मुक्त हैं। किन्तु इस बात का स्मरण रहे कि आप लोग साधु हैं और साधना करना आपका कर्तव्य है। आपने अध्यात्म-लाभ के लिए ही गृह त्याग किया है। वैसे तो मनुष्य मात्र के लिए साधना अपेक्षित है किन्तु आपका जीवन ही इसी कार्य के लिए समर्पित हो चुका है। फिर भी कभी साधना के प्रति उदासीनता दिखाओगे तो यह एक अपराध होगा और मेरी इच्छा की अवहेलना होगी। ऐसी अवस्था में आप हमारे आशीर्वाद से वंचित रह जाओगे।

## (7)

चौरंगीनाथ की जीवनी के बारे में उनके ग्रन्थ **प्राणसंकली** में विवरण प्राप्त होते हैं। ग्रन्थ के अनुसार–योगी चौरंगीनाथ का जन्म स्यालकोट के राजा सालबाहन (शालिवाहन) के पुत्र के रूप में हुआ था। ये मत्स्येन्द्रनाथ के शिष्य और गोरखनाथ के गुरु भाई हैं। इनकी विमाता ने इनके हाथ-पैर कटवा दिये थे। ये ही पंजाब की लोककथाओं के पूरन भगत हैं। **प्राणसंकली** के अनुसार यह सिद्ध भी हो जाता है। चौरंगीनाथ ने स्वयं ही लिखा है–

*सत्यं बदंत चौरंगीनाथ आदि अन्तरि सुनौ वृत्तान्त*
*सालबाहन घरे हमारा जनम उतपति, सतिमां झुट बोलीला।।1।।*
*ई अम्हारा भइला सासत, पाप कलपना नहीं हमारे मने,*
*हाथ पाँव कटाय रलाइ लायला निरंजन बने,*
*सोष सन्ताप मने परभेव सनमुख देवीला*
*श्री मछंद्रनाथ गुरुदेव, नमस्कार करीला, नमाइला माथा।।2।।*
*आसीरबाद पाइला अम्हे, मने भइला*
*हरषित होठ, कंठ तालूका रे सुकाईला*
*धर्मना रूप मच्छन्द्रनाथ स्वामी।।3।।*
*मन जानै पुण्यपाप, वचन न आवै मुणे बोलब्या कैसा हाथ*
*रे दीला फल मुषे पीलीला, ऐसा गुसाई बोलीला।।4।।*
*जीवन उपदैस भाषिला फल आदन्हे बिलासा*
*दोष बुध्या त्रिषा विसारिला।।5।।*
*नहीं मानै सोक धन धरम सुमिरिला, अम्हे भइला सचेत*
*के तुम्ह कहारे बोले पुछीला।।6।।*

इन पंक्तियों से स्पष्ट हो जाता है कि इनके पिता सालबाहन, गुरु मत्स्येन्द्रनाथ हैं और इनकी विमाता ने अनेक कष्ट देते हुए इनके हाथ-पाँव कटवा दिये थे। दूसरा पंक्तियों की भाषा पूर्वी है। यदि प्राणसंकली सचमुच चौरंगीनाथ की रचना है तो इसका स्थान पूर्वी प्रदेश मानना पड़ेगा। चौरंगीनाथ. को ज्ञानस्वरूप, पूरुख सिंह, सिंगारी और पूरन भगत नाम से अभिहित किया जाता है। पूरन भगत नाम से चौरंगीनाथ की जीवनी मियाँ कादरयार की कहानी 'संग पूरन भगत' में विस्तृत रूप से प्राप्त होती है।

चौरंगीनाथ (पूरन भगत) का कथानक कतिपय इस प्रकार है। उज्जयिनी के राजा विक्रमादित्य के वंशज महाराजा गज पंजाब प्रदेश में सुदूर उत्तरवर्ती क्षेत्र में राज्य करते थे। वे बहादुर शूरवीर थे। उन्होंने गजनी पर भी अधिकार कर लिया। उन्होंने अपनी राजधानी पहले गजपुर-रावलपिण्डी में अथवा उसके सन्निकट बनायी थी। बाद में उनकी राजधानी स्यालकोट अथवा साकल नामक स्थान में स्थापित हुई। राजा गज के पुत्र शालिवाहन बड़े तेजस्वी और कुशल शासक थे। उन्हीं के नाम पर शालिवाहन संवत् प्रचलित है। उनकी पटरानी ने एक पुत्र को जन्म दिया। ज्योतिषियों ने उनका जन्मलग्न विचारा, उन्होंने राजा शालिवाहन से निवेदन किया कि राजकुमार को बारह साल तक एकान्त स्थान में रखकर उनका पालन-पोषण करना चाहिए। राजकुमार के एकान्तवास की अवधि में राजा शालिवाहन ने लूण (लूना) नामक युवती से विवाह कर लिया। एकान्तवास समाप्त होने पर राजकुमार को राजप्रासाद में लाया गया। उनका नाम पूरण अथवा पूरन रखा गया। वे बड़े सुन्दर और ऐश्वर्यशाली थे, उनके चेहरे पर विलक्षण तेज था। देखने वाले उनके सौन्दर्य पर मुग्ध हो जाते थे। उन्होंने अपनी नयी विमाता को माता कहकर पुकारना आरम्भ किया, वह उनके मोहक रूप से घायल थी। उसके मन में कामवासना जाग उठी। उसके मन को बहुत चोट लगती थी, जब राजकुमार उसे माँ-सम्बोधन से सम्मानित करते थे, उसका यौवनपूर्ण हृदय इससे क्षुब्ध हो उठता था। राजा शालिवाहन के प्रवास में जाने पर विमाता ने राजकुमार को अपने शयनकक्ष में बुला भेजा। उसने उनके सम्मुख घृणित काम-प्रस्ताव रखा।

राजकुमार पूरण ने कहा कि माँ! आप मेरी माँ हैं। आपके मुख से इस तरह का प्रस्ताव सुनकर मेरा मस्तक लज्जा से नत हो जाता है। रानी ने कहा कि आप नौजवान हैं, आपकी अंग-कान्ति ऐसी है कि किसी भी नवयुवती का उसका शिकार हो जाना स्वाभाविक है। सौन्दर्य भोग की वस्तु है, मैं अपना समस्त जीवन आपके चरणों पर समर्पित करती हूँ। मेरी कामवासना शान्त कीजिए, सुन्दर शरीर, राजोचित सुख तथा स्वाधिकार का यही तकाजा है कि आप मेरा प्रस्ताव स्वीकार कर लें। राजकुमार ने कहा कि माँ, आप सदैव मेरी माँ हैं। वह यौवन व्यर्थ है, वह रूप निस्सार है, वह सौन्दर्य घृणित है, जो मनुष्य को सत्य के पथ पर चलने में विचलित कर दे, पतित कर दे। मेरा मस्तक आपके चरणों का अलंकार है, मेरा जीवन आप जैसी राजमाता के स्नेह और वात्सल्य से प्राणान्वित रहने का एकमात्र पात्र है। आप क्षमा करें। राजकुमार शयनकक्ष से तत्काल बाहर चले गये।

राजा शालिवाहन के प्रवास से वापस आने पर पूरण की विमाता ने अपना श्रृंगार उतार दिया, साड़ी और शरीर के अन्य परिधान फाड़ डाले, आभूषण उतारकर फेंक दिये, केश बिखेर लिए, भीषण आकृति बना ली। शालिवाहन के कारण पूछने पर उसने राजकुमार के चरित्र को पापमय बताकर कलंकित किया। उसने कहा कि राजकुमार ने आपके प्रवास के समय मेरे यौवन का उपभोग करना चाहा। मैंने प्रतिरोध किया तो मुझे धमकाकर विवश करना चाहा। राजा शालिवाहन ने रानी का इस तरह अपमान करने के कारण राजकुमार पूरण के हाथ-पैर कटवा कर तथा नेत्रहीन कर निर्जन वन में उन्हें कुएँ में फेंकवा दिया। उनकी

सगी माता ने अपने पुत्र को निर्दोष सिद्ध करने का यथासाध्य प्रयत्न किया, परन्तु नयी रानी के यौवन में कामान्ध शालिवाहन के लिए पूरण की माता का रोना-पीटना बेकार था। वह रोते-रोते अन्धी हो गयी, पुत्र का वियोग उनके लिए असह्य हो गया। स्यालकोट के राजप्रासाद में न्याय महँगा ही नहीं, लुप्त हो गया।

जंगल में कुएँ के निकटस्थ योगेश्वर मत्स्येन्द्रनाथ का आगमन हुआ। उनके साथ महायोगी गोरखनाथ भी थे। मत्स्येन्द्रनाथ जी ने कुएँ पर खड़े होकर कहा कि यदि मैं आपके भोजन की बारह साल तक व्यवस्था कर दूँ तो आप इस समयावधि में ध्यान में तत्पर रह सकेंगे। राजकुमार के प्रस्ताव स्वीकार कर लेने पर योगीन्द्र मत्स्येन्द्रनाथ ने गोपालक शिष्य को उनकी सेवा में नियुक्त किया। कहा जाता है कि गोरखनाथ जी की प्रसन्नता और कृपा से उनके कटे हाथ-पैर पूर्ण हो गये। वे चौरंगीनाथ के नाम से प्रसिद्ध हुए। इस सम्बन्ध में एक धारणा यह भी है कि वे बारह साल के दीर्घकालीन ध्यान में संलग्न रहने के फलस्वरूप वाक्सिद्ध हो गये और अपने ही तपोबल और यौगिक सिद्धि से वे विकलांगता के बदले कटे हाथ-पैर के स्थान पर पूरे हाथ-पैर वाले हो गये। बारह साल बीत जाने पर जिस स्थान पर अपूर्ण हाथ-पैर वाले चौरंगीनाथ जी पड़े हुए थे, वहाँ बहुत से व्यापारी आये, चौरंगीनाथ जी ने उनसे पूछा कि आप लोग कौन हैं। यह सोचकर कि, वह व्यक्ति चौरंगीनाथ, राजा का कर-संग्राहक होगा, व्यापारियों ने अपने आपको कोयले का व्यापारी बताया। चौरंगीनाथ जी ने तत्काल कहा कि सब कोयला हो जायेगा। जब वे व्यापारी बाज़ार में गये और अपनी

सामग्री उन्होंने निकाली तो देखा कि सारा सामान कोयला हो गया है। व्यापारियों ने समझ लिया कि यह चौरंगीनाथ की वाणी का चमत्कार है। व्यापारियों ने घटनास्थल पर आकर उनसे क्षमा माँगी और उन्हें भिक्षा दी। चौरंगीनाथ ने कहा कि सारा सामान पहले की तरह हो जाय और सब कुछ वैसा हो गया।

बारह वर्ष की तपस्या के बाद चौरंगीनाथ ने पूर्णांग होकर अपने माता-पिता के द्वार पर अलख जगाया। चौरंगीनाथ की सगी माता जो कि उनके वियोग में रोती-रोती अन्धी हो गयी थी, उनका अन्धापन भी चौरंगीनाथ ने ठीक कर दिया। पिता ने विमाता को दण्ड देना चाहा परन्तु चौरंगीनाथ ने अपने पिता को रोक दिया। पिता ने उन्हें राजसिंहासन पर बैठने का आग्रह किया। चौरंगीनाथ ने मना कर दिया और कहा कि राज सुख क्षणभंगुर है, योगामृत का आनन्द अक्षय स्थायी है। चौरंगीनाथ ने अलख निरंजन पर ब्रह्म, शून्य पद में अभिव्यक्त परमशिव की उपासना पर ही बल दिया। चौरंगीनाथ ने स्वयं स्वीकार किया है कि गुरु मत्स्येन्द्रनाथ जी ने हमें सद्बोध प्रदान किया कि काम, क्रोध और दुःख के वश में नहीं होना चाहिए, इससे भवसागर से सहज-अनायास पार उतर जाना सम्भव हो जाता है—

*अम्हारा वचन तुम्हें दिढ करि धरिबा, काम दुष मने न।*
*थोइबा, ये भवनदी तुम्हें सहजे तिरबा, सुष दुष षडेरा प्रापति॥*

# (8)

चर्पटीनाथ गोरखनाथ के शिष्य थे। तिब्बती परम्परा में इन्हें मीनपा का गुरु माना जाता है। मीन चेतन में इन्हें ही कर्पटीनाथ कहा गया है। कुछ रचनाओं में इन्हें गोपीचन्द का भाई बताया गया है। प्रारम्भ में इनको रसेश्वर सम्प्रदाय से सम्बन्धित होने के प्रमाण प्राप्त होते हैं।

ये गहनीनाथ के गुरु भाई भी बताये जाते हैं। रज्जवदास के एक पद के आधार पर इनको राजपुताना का निवासी माना जाता है। ये जाति के ब्राह्मण थे। इन्हें चर्पटीनाथ, चर्पटीया, पचरीया, चपटी, कर्पटीनाथ आदि नामों से जाना जाता है। इनके शिष्यों में राघनाथ, बालनाथ, तोटनाथ, जांमुनाथ, नित्यानाथ, सारेन्द्रनाथ, काकुत्सनाथ और भैरवनाथ हैं। गोरखनाथ की कौपीन या कर्पटी से इनकी उत्पत्ति होने के कारण इनका नाम चर्पटीनाथ था। इन्होंने रस सिद्ध किया था। अनेक नाथपन्थी सिद्धों के लिखे हुए रस-ग्रन्थ आज भी वैद्यों में प्रचलित हैं। कहा जाता है कि इस रस सम्प्रदाय का मत आदिनाथ शिव के द्वारा बताया गया था और आदिनाथ चन्द्रसेन, नित्यानन्द, गोरक्षनाथ, कपालि, भालुकी, माण्डव्य योगियों ने योगबल से इसकी स्थापना की थी। बाद में नागार्जुन, नित्यनाथ, शालिनाथ, चर्पटनाथ ने आयुर्वेद शास्त्र के अनेक ग्रन्थ लिखे। चर्पटनाथ रस सिद्ध योगी थे। गोरखनाथ अथवा गुरु नानकदेव के द्वारा विरचित प्राणसंकली नामक ग्रन्थ में चर्पटनाथ और गुरुनानक देव से बातचीत के रूप में विविध रसायनों का उल्लेख है। सम्भव है गुरु गोरखनाथ की प्राणसंकली कोई बड़ी पुस्तक थी, यह ग्रन्थ उसी के अनुकरण पर लिखा गया है। इसलिए यह स्पष्ट हो जाता है कि चर्पटीनाथ रसेश्वर मत के सिद्ध थे।

चर्पटीनाथ ने भेष के योगी को अधिक महत्त्व नहीं दिया है, अपितु आत्मा के योगी कहलाने को ही दिया है। डॉ. मोहन सिंह ने चर्पटीनाथ की एक कविता उद्धृत की है—

*सुधु फटकि मनु गिआनि रता। चरपट प्रणिवै सिधमता॥*
*बाहिरि उलटि भवन नहिं जाउँ। काहे कारनि काननि का चीराखाउँ॥*
*विभूति न लगाओं जिउतरि उतरि जाइ। खर जिउ धूडि लेटे मेरी बलाई॥*
*सेली न बाँधो लेबो न भ्रिगानी। ओठउँ नाखिथा जो होई पुरानी॥*
*पत्र न पूजो उडा न उठावो। कुते की निआई माँगने न जावो॥*
*बासी करि के भुगति न खाओ। सिंधिआ देखि सिंगी न बजाओ॥*
*दुआरे-दुआरे धूआ न पाओ। मेखि का जोगी न कहावो॥*
*अतिमा का जोगी चरपटनाउ।*

इसमें चर्पटीनाथ ने गुदड़ी आदि धारण करके इधर-उधर घूमने का निषेध करते हुए योगी को साधना में रत रहने का उपदेश दिया है। इन्होंने बाह्य आडम्बर करने के लिए अन्य सम्प्रदायों के साथ सिद्ध मार्ग के योगियों को भी निषेध किया है। चर्पटीनाथ ने बाह्य आडम्बर का विरोध करते हुए आगे लिखा है कि–

*इक सेति पटा इक नीलि पटा, इक तिलक जनेऊ जंबि जटा।*
*इक फीए एक मोनी इक कानि कटा, जब आवैगी कालि घटा॥*

अर्थात् वस्त्र, दाढ़ी, जनेऊ, तथा कान फाड़ने का भी विरोध करते हैं। श्री सन्त सम्पूर्ण सिंह ने तरनतारण से प्राणसंकली छपाई है उसमें चर्पटीनाथ और गुरुगोरखनाथ की बातचीत छपी है। उसमें भी उक्त पद दूसरे तरह से प्राप्त होता है–

*इक पीत पटा इक लंब जटा, इक सूत जनेऊ तिलक ठटा।*
*इक जंगम कही अै भसम घूटा, जठलइ नहीं नीचें उलटि घटा॥*
*तब चरपट संगले स्वाँग नटा॥*

श्री शेष
श्री गणेश
श्री चन्द्र
श्री (मत्स्य) माया
श्री मत्स्येन्द्रनाथजी
श्री चौरंगीनाथजी
श्री गज कन्थड़नाथजी
चल अचम्भेनाथजी
श्री

श्री ज्योती
श्री पार्वती
श्री ब्रह्माजी
श्री आदिनाथजी
श्री उदयनाथजी
श्री सत्यनाथजी

चर्पटीनाथ के जन्म के बारे में अनेक कथाएँ प्रचलित हैं। एक कथा श्यामदास की कृति मीनचेतन तथा वंगाली काव्य ग्रन्थ गोरखविजय (फैजुल्ला कृत) काव्य में कर्पटीनाथ (चर्पटीनाथ) की उत्पत्ति का वर्णन प्राप्त होता है। आद्य तथा आद्या की कथा पूर्व में वर्णित की गयी है। यहाँ पर सिर्फ़ चर्पटीनाथ के वृत्तान्त का वर्णन किया जाता है। देवी गौरी का भुवन मोहिनी रूप धारण करके गोरखनाथ की भी परीक्षा ली तब उन्हें देखकर गोरखनाथ ने दृढ़ संकल्प किया कि ऐसी रूपवती स्त्री मेरी माता हो तो उसकी गोद में बैठकर दूध पीऊँ। देवी ने गोरखनाथ की कठिन परीक्षा ली उसमें वे खरे उतरे तो देवी ने प्रसन्न होकर उन्हें सुन्दर स्त्री रत्न पाने का वरदान दिया। देवी के वरदान की मान-रक्षा के लिए शिव ने माया से एक कन्या उत्पन्न की, जिसने गोरखनाथ को पति रूप में वरण किया। गोरखनाथ जी उसके घर में जाकर अपनी सिद्धि के बल से छह माह का बालक बन गये। वे दूध पीने के लिए मचलने लगे। गोरखनाथ ने उस रूपवती कन्या से कहा मुझमें काम विकार नहीं हो सकता। तुम मेरी कौपीन (करपटी) धोकर पी लो तुम्हें पुत्र पैदा होगा। कन्या ने आदेश का पालन किया और उसने पुत्ररत्न को जन्म दिया। इसी पुत्र की प्रसिद्धि कर्पटीनाथ (चर्पटीनाथ) के नाम से हुई।

श्रीमद्‌भागवत के एकादश स्कन्ध के दूसरे अध्याय से पाँचवें अध्याय में योगेश्वर नवनारायणों का उल्लेख है। चर्पटीनाथ ऋषभदेव के पुत्र कहे गये हैं और उन्होंने विदेहराज निमि को भागवत धर्म का उपदेश दिया है।

इनमें से पिप्पलायन नारायण को ही चर्पट अथवा चर्पटीनाथ कहा गया है। चर्पटीनाथ का उल्लेख चौरासी सिद्धों में भी है। शाबरतन्त्र में कापालिकों के बारह आचार्य और उनके प्रधान शिष्यों के सन्दर्भ में चर्पट का उल्लेख किया गया है। हठ योग प्रदीपिका में ब्रह्माण्ड में विचरने वाले सिद्धों में चर्पटीनाथ का नाम भी उल्लेख है। रज्जबदास के सरवंगी ग्रन्थ में इन्हें वारणी के गर्भ से उत्पन्न बताया गया है।

चर्पटीनाथ के जन्म की एक अन्य कथा लोक में प्रचलित है। कथा इस प्रकार है—एक बार ब्रह्मा जी का वीर्य पृथ्वी पर गिर गया था, जिससे अट्ठासी हज़ार ऋषि उत्पन्न हुए तथा उसी वीर्य के शेष भाग से पिप्पलायन नारायण पैदा हुए। इन्हीं का नाम चर्पटीनाथ हुआ। इस बालक को सत्यश्रवा नामक ब्राह्मण और उनकी पत्नी चन्द्रप्रभा ने पाला। चर्पटीनाथ के पाँच वर्ष का हो जाने पर यज्ञोपवीत संस्कार करने के पश्चात् पाठशाला भेजा गया और वे इस दौरान वेद-वेदांग पढ़कर सभी विद्याएँ प्राप्त करके प्रवीण हो गये। एक दिन नारद मुनि सत्यश्रवा के घर आये और देखा कि चर्पटीनाथ बारह वर्ष के हो गये हैं। उन्होंने विचार किया कि चूँकि चर्पटीनाथ ब्रह्म के वीर्य से उत्पन्न हुए हैं इसलिए मेरे छोटे भाई हैं। भाई से प्रेम करने के पश्चात् नारद मुनि बद्रीनाथ पहुँच गये वहाँ उन्होंने दत्तात्रेय-मत्स्येन्द्रनाथ और शिव जी से भेंट किया और चारों योगी मिलकर मन्त्रणा करने लगे। शिव जी ने दत्तात्रेय जी से कहा कि तुम्हारी इच्छा नौनाथों का संघ स्थापित करने की है,

सो चर्पटीनाथ को भी अपने नाथपन्थ में मिलाकर अपनी इच्छा पूरी करो। दत्तात्रेय जी ने कहा कि बिना तपस्या के कोई योगी नहीं होता इसलिए तपस्या होने तक हमें इन्तज़ार करना पड़ेगा। नारद जी ने कहा कि मैं ऐसा उपाय करता हूँ जिससे चर्पटीनाथ शीघ्र तप में लग जाये। नारद जी सत्यश्रवा के घर आ गये और ब्राह्मण कुमार का वेश बनाकर कहा कि आप आज से मुझे अपना शिष्य समझें। सत्यश्रवा ने नारद जी का नाम कुलम्ब रखा और वह चर्पटीनाथ के साथ रहने लगे। एक दिन अपने पिता के स्थान पर चर्पटीनाथ स्वयं पूजा कराने गये। वहाँ उनका यजमान से विवाद हुआ और वे बिना दक्षिणा लिए ही घर लौट आये। यह बात सत्यश्रवा ने सुनी तो चर्पटीनाथ को बुरा-भला कहकर थप्पड़ लगा दिया। चर्पटीनाथ नाराज़ होकर घर से निकल गये और गाँव के बाहर भगवती के मन्दिर में जा पहुँचे। नारद जी भी वेश बदलकर मन्दिर में जा पहुँचे। प्रणाम कर वे देवी से अपना वृत्तान्त बताये तब नारद जी बोले—तुम्हारा पिता पागल हो गया है अतः तुम्हें चाहिए कि ऐसे पिता का न मुख देखो न अपना मुख उसे दिखाओ। तुम वन में जाकर तपस्या करो। यह सुनकर चर्पटीनाथ मन्दिर से बाहर आ गये तभी नारद अपना वेश बदलकर कुलम्ब के रूप में आ गये और दोनों बद्रीनाथ चले गये। वहाँ उन्हें दत्तात्रेय एवं मत्स्येन्द्रनाथ मिले, दत्तात्रेय जी ने चर्पटनाथ के सिर पर हाथ रखकर मन्त्र फूँका जिससे अज्ञानता दूर होकर उन्हें दिव्य ज्ञान की प्राप्ति हुई। दत्तात्रेय जी ने उन्हें विद्या अभ्यास कराकर नाथपन्थ की दीक्षा दी। फिर सभी विद्याओं में निपुण

करा के तप करने को कहा। तब चर्पटीनाथ ने नाग अश्वत्थ पहुँचकर बारह वर्ष तक तपस्या की। तत्पश्चात् सभी विद्याओं और सिद्धियों में पारंगत हो, देवताओं के सामने सिद्धियाँ प्रदर्शित कीं। ब्रह्मा जी ने विष्णु से चर्पटनाथ का परिचय कराया तथा शिव से आशीर्वाद दिलाकर कुछ दिन अपने पास रखा।

□□